CACHE COEUR & PETTI PANTS

いつも、カシュクール。

合わせたいのはペチパンツ

Quoi? Quoi?
[コアコア]

着こなしの幅が広がる2アイテム

きもののように打ち合わせて着るカシュクールは、これまでに何度も作ってきた大好きなデザイン。一枚でも重ね着してもOKな魅力を伝えたくて、カシュクールが主役の一冊を作りました。アイテムはより応用力が高いワンピースに絞り、衿ぐりや袖などのディテールとシルエットをアレンジした10種類を考えました。さらにスタイリストの平井律子さんのお力を借りて、季節に合わせたコーディネートも紹介しています。

また、ぜひ併せて作ってほしいのがペチパンツです。スカート部分のシルエットをきれいに保ったり透けを防いだりする、いわばペチコートのパンツ版。あえてワンピースの裾から出るフルレングスにすることで、布がまとわりつかず颯爽と着こなせる安心感が。そして何といっても、パンツの色や柄が自然とアクセントになり、装いがスマートに見えるのです。

タイプや布違いをそろえておくと着回し力も各段にアップする、カシュクールワンピースとペチパンツ。オールシーズン自由に、レイヤードスタイルを楽しんでみてください。

Quoi? Quoi?

CONTENTS

D

ヨーク切替えギャザーワンピース
P.14

E

タック＆ギャザーワンピース
P.16

F

スタンドカラーワンピース
P.18, 22

I

ストライプAラインワンピース
P.26, 30

J

フードつきワンピース
P.28, 31

O

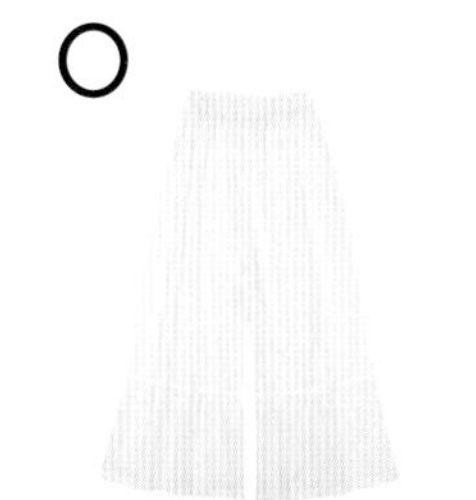

ワイド裾切替えペチパンツ
P.6, 23, 32

N

ワイド裾切替えペチパンツ
P.16, 26, 30, 32

HOW TO
MAKE

P.33

FLARE SLEEVE

A

自然なドレープが生まれる袖やギャザーで、エレガントな印象に。やや高めの位置に設定したウエストのベルトは、すっきり見える効果が。

フレアスリーブワンピース

& O ワイド裾切替えペチパンツ

ゆったりと広がり、動くたびに揺れる袖がしぐさを優しく映して。左脇は2本の細ひもで結び、程よくウエストを絞れます。前を開けたときは、ひもの揺れも愛らしいアクセント。

HOW TO MAKE » ワンピースP.34, パンツP.84

袖口をひじまで上げると、ふっくらボリュームアップ。しなやかで
適度な張りもあるローン地が、変化するシルエットをきれいに表現。

BALLOON SLEEVE

B

バルーンスリーブワンピース

& Lストレート裾切替えペチパンツ

Aのアレンジデザイン。袖丈をのばし、手軽に長さ調整できるよう袖口にゴムテープを通しました。また、左脇は２つのボタンどめに変更を。裾からのぞかせたペチパンツの、ネイビーの刺繍レースが軽やかな引締め役に。

HOW TO MAKE » ワンピースP.34, パンツP.84

FRENCH SLEEVE

C

フレンチスリーブワンピース

& Kストレートペチパンツ

肩先をそっと覆うフレンチスリーブの一枚は、とろみがある薄手のリネン地で仕立てました。ジレ感覚でも着こなせ、あったか素材で作れば秋冬の重ね着にも応用できる優れもの。

HOW TO MAKE »
ワンピースP.43, パンツP.82

肩線とウエストにギャザーやタックを入れて、シンプルフォルムに女性らしさをプラス。より引き立てるなら、ペチパンツはストレート型を。

トップスは流行のグラデーションカラーで。衿つきシャツをインして、ワイドパンツで今らしいシルエットに。スニーカーやバッグでカジュアルに。

旬のシャビーカラーコーデ。さらっとしすぎないよう、きれいなピンクとニュアンスグリーンの柄スカートをセレクト。小物は服とリンクする白で統一を。

服はカシュクールの色調と溶け合う、淡いトーンでまとめました。パンツをプラスして、ガーリーすぎない仕上りに。引締め役の濃色は小物で取り入れて。

大人気のオールインワンを少し
ガーリーに着たいとき、カシュ
クールをはおるのがおすすめ。
小物は、トラッドやカジュアル
なものを選ぶと締まります。

たっぷりとしたニットを上に重ね
たら、カシュクールはスカートの
佇まい。シックな黒の投入で大人
モードに。ストールと靴下の色調
をそろえておしゃれ感アップ。

SPRING & AUTUMN

SUMMER

WINTER

カシュクールの袖をきゅっと上げ
ると今どきのフォルムに。中に白
いワンピースを合わせれば間違い
なし。ニュアンスカラーのペチパ
ンツをはいてこなれ感を。

B BALLOON SLEEVE

後ろ身頃にも袖山にもギャザーをふんだんに。合わせたペチパンツは同色の水玉模様とワイドシルエットで、さり気ないニュアンスが。

ヨーク切替えギャザーワンピース

& Mワイドペチパンツ

肩回りはすっきりさせ、身頃と袖はたっぷりのギャザーでふんわりと。そんなコントラストを生かして軽やかに仕上げるなら、薄手で張り感控えめの布がおすすめ。左脇のひもを長く作り、ウエストに巻いてもすてきです。

HOW TO MAKE » ワンピースP.48, パンツP.82

＊写真のカシュクールはL&2Lサイズで、ゆったりと着こなしています。

TUCK & GATHER

E

タック&ギャザーワンピース

& Nワイド裾切替えペチパンツ

スカートのウエストにあしらった、2タイプのタックとギャザーで表情豊かに。共布のベルトで、ウエストマークもできます。一見オーソドックスだから、裾からのぞかせるペチパンツの柄でアクセントを効かせても。

HOW TO MAKE »
ワンピースP.54, パンツP.84

左脇は共ベルトなしでもさまになるよう、ボタンをループでとめる
作りです。袖口は見返し始末なので、折り返してもすっきり。

スタンドカラーワンピース

& Kストレートペチパンツ

Eの衿ぐりに、首もとを少しカバーする細めのスタンドカラーをプラス。さらに袖丈はやや長く、着丈は短めにアレンジを。パンツはすっと落ちるストレートシルエットを合わせ、颯爽とした装いを印象づけて。

HOW TO MAKE »
ワンピースP.54, パンツP.82

袖口に入れたスリットがポイント。共布で作ったベルトはサイドで
結ぶだけでなく、後ろに回すとまた違ったイメージで着こなせます。

GATHER SLEEVE

G

袖口はたくし上げても決まるゴム仕様。衿ぐりに通したひもは脇ひもを兼ねているので、多めに絞って前寄りで結んでもかわいいです。

ギャザースリーブワンピース

& L ストレート裾切替えペチパンツ

袖山と袖口にギャザーを入れつつ、甘くなりすぎないボリューム感です。衿ぐりにはひもを通し、ギャザー分量の調節を可能に。布の透け感と相まってエアリーな雰囲気を醸し出す一着は、裾にレースを配したペチパンツと。

HOW TO MAKE » ワンピースP.62, パンツP.84

＊写真のカシュクールはL&2Lサイズで、ゆったりと着こなしています。

今どきのショートパンツに大人が
トライするなら、カシュクールが
頼もしい味方。ミモザ色と好相性
のカーキのパンツを選び、スポー
ティなサンダルで抜け感を。

SUMMER

色鮮やかな一枚が装いのポイン
ト。ほかの服を青系でそろえて
間にはさみ込むと、気負いなく
まとまります。そして冬こそ白
を散らし、軽やかなスパイスに。

WINTER

SPRING & AUTUMN

衿つきのFはシャツワンピース
のイメージで、ジャケットを重ね
てトラッドに。ジャケットは〝着
丈長めでゆったり〟が合わせやす
い。靴下はジャケット色で。

F STAND COLLAR

 FRENCH SLEEVE

赤とベージュは相性抜群。下に
着た長袖ワンピースは、布帛で
カシュクールより少し着丈長め
がバランスよし。カーディガン
をストール感覚で肩かけに。

セーター＋デニムパンツのシン
プルなスタイルに、カシュクー
ルをさらっと合わせるだけでフ
ェミニンさが出てきます。ポイ
ントに、トラッドな黒い小物を。

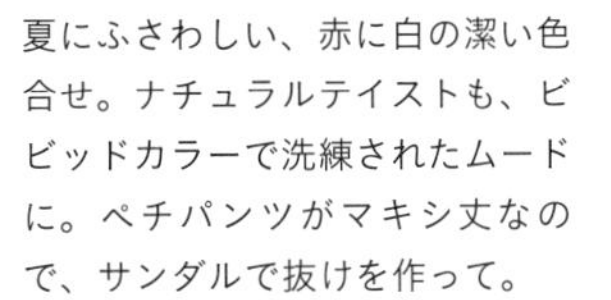

夏にふさわしい、赤に白の潔い色
合せ。ナチュラルテイストも、ビ
ビッドカラーで洗練されたムード
に。ペチパンツがマキシ丈なの
で、サンダルで抜けを作って。

SIDE POCKET

H

サイドポケットワンピース

& Kストレートペチパンツ

立体感を出したポケットとともに、３つのリボンで鮮度アップ。程よい張りと光沢がある、黒のコットン地で作りました。胸もとのVゾーンが浅く、より安心の着用感です。白いストレートパンツを重ねて、きりっと。

HOW TO MAKE »
ワンピースP.67, パンツP.82

脇スカートと袋布を、ポケット口で縫い合わせて作るポケット。ポケット口やウエストの細やかなギャザーは、大人が似合う甘さを添えて。

A-LINE
1

ストライプAラインワンピース

& Nワイド裾切替えペチパンツ

すっきりとしたAラインをきれいに表現するのは、細番手の糸で高密度に織られたコットン地と端正なブロックスストライプ。ウエストにぐるりと通したひもで前あきをとめるのはもちろん、ボリュームを加減できます。

HOW TO MAKE »
ワンピースP.75, パンツP.84

柄を横向きに使ったひも通しは、
自然にめりはりを生む効果も。裾
布に同素材を用いたペチパンツを
はくとセットアップ風に。

HOODED

J

フードつきワンピース

& Mワイドペチパンツ

Iのパターンに、フードを足したデザイン。ウエストのひも通しを裏側に縫いつけると、ギャザーのやわらかな表情が一層映えます。コーデュロイのような秋冬向きの布で作れば、軽いアウターとしても活躍。

HOW TO MAKE »
ワンピースP.75, パンツP.82

ちょっとした雨や寒さをしのぐのに便利なフード。下ろしているときもすっぽりとかぶった姿も、子どもっぽくならないサイズ感を吟味。

カシュクールをぐっとカジュアルに。ついギャザースカートやパンツを合わせがちですが、ひだがあまり太くないプリーツスカートも◎。色でもめりはりを。

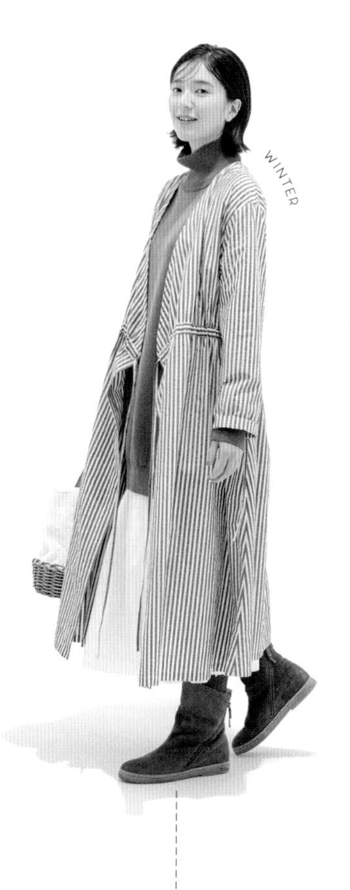

白×紺で清潔感を。中にエプロンスカートを重ねることで、おしゃれ感が各段にアップ。それが濃色なら縦のラインが目を引き、スタイルアップも叶います。

コート風にオン。衿なしだから、タートルでもすっきり。スカート丈をそろえると長めのトップスでもバランスがよくなります。足もとはボリュームを持たせて。

I A-LINE

ベーシックなボーダーカットソー＋デニムパンツにはおるなら、断然カシュクールワンピース。着丈が長いと大人っぽくなり、この一枚はフードがポイントに。

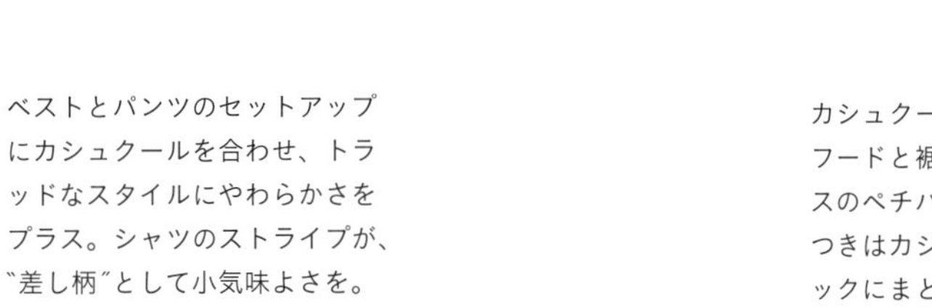

ベストとパンツのセットアップにカシュクールを合わせ、トラッドなスタイルにやわらかさをプラス。シャツのストライプが、〝差し柄〟として小気味よさを。

カシュクールをコートの下に着て、フードと裾をアクセント使い。レースのペチパンツで抜け感を。フードつきはカジュアルなので、色味はシックにまとめています。

PETTI PANTS

すっきりシルエットのストレートとギャザースカートのようなワイド型、そして裾のアレンジバージョンの３タイプ。ワンピースの下に重ねるので、布は薄手で柔らかいものがおすすめですが、ボリューム控えめのストレート（KとL）はやや張りがあっても大丈夫。

K

裾がすっと落ちて軽快な印象のストレートタイプ。股上が深めだから、はき心地は楽ちんです。本書では、繊細な織りのリネン地で製作。

HOW TO MAKE » P.82

L

Kの裾を約30cm切り、シルエットを変えず別布を縫合せ。布は、パンツ部分はなめらかな感触のブロード。裾部分は同素材の刺繍レースから同色を選択。

HOW TO MAKE » P.84

M

パンツ幅をゆったりとったワイドシルエットで、股上は深め。カットドビーで表現された水玉模様の軽くソフトなコットン地をセレクト。装いにニュアンスが生まれます。

HOW TO MAKE » P.82

N

Mの裾を約25cm切り、幅広で上端にギャザーを寄せた別布を縫い合わせました。パンツ部分に高密度な織りのコットン地、裾に同素材のストライプ柄をコーディネート。

HOW TO MAKE » P.84

O

Nのパターンで、パンツと裾の布を統一。同素材の組合せでも、ボリュームを持たせた裾布が優しいコントラストを。選んだ布は、透け感があるコットン×リネンボイル。

HOW TO MAKE » P.84

HOW TO MAKE 作り始める前に

1. サイズを選ぶ

付録の実物大パターンは、S／M／L／2Lの４サイズが入っています。アイテムによって、S／M／L&2Lの３サイズ展開になっています。下記の参考寸法表（ヌード寸法）から自分にいちばん近いサイズを選んでください。

参考寸法表 単位cm

サイズ	S	M	L	2L
バスト	78	82	86	90
ウエスト	59	63	67	71
ヒップ	86	90	94	98
身長	154～168			

[出来上り寸法] を作り方ページに記載しています。サイズ選びに迷ったときは、手持ちの服のバストを採寸して、出来上り寸法と照らし合わせてサイズを決めてもいいでしょう。

2. パターンの線を写し取る

付録の実物大パターンの上に、ハトロン紙のような透ける紙を重ねて写します。あらかじめ色鉛筆やマーカーペンなどで、パターンの線をなぞると見やすくなります。パターンに記しているギャザー止り、タックやポケット位置、合い印なども写します。着丈、パンツ丈は好みで調整してください。

3. 縫い代つきのパターンにする

実物大パターンは出来上り線なので、縫い代がついていません。各作り方ページの裁合せ図に記している縫い代をつけて、縫い代つきのパターンにします。

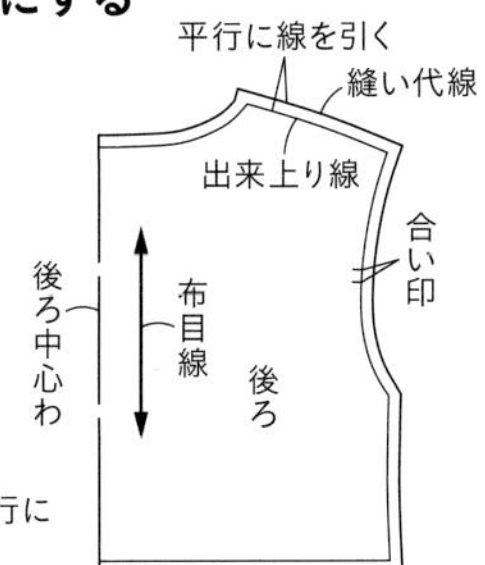

まず、出来上り線と平行に線を引く

衿ぐりや袖ぐり、袖口、裾などの角は、縫い代の布不足や余分が出ないよう、出来上りの状態に折って切ります。

・衿ぐりや袖ぐり

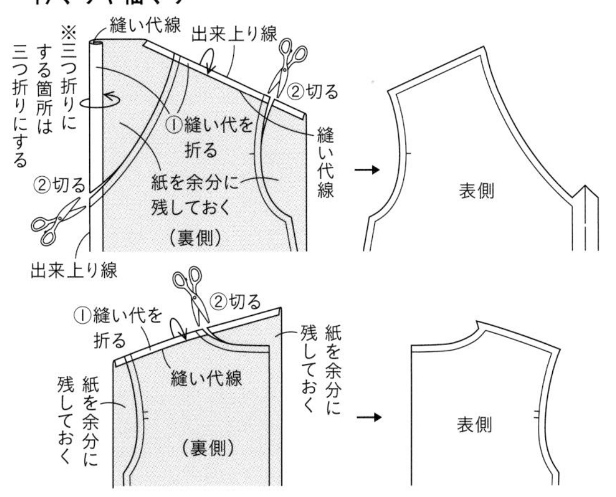

・細くなっている袖口や裾

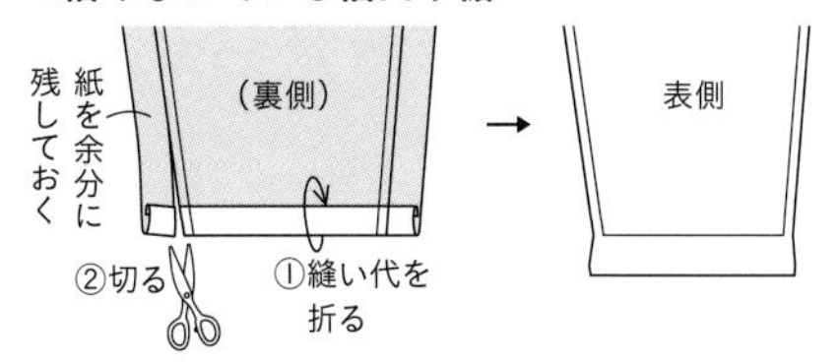

・広がっている袖口や裾

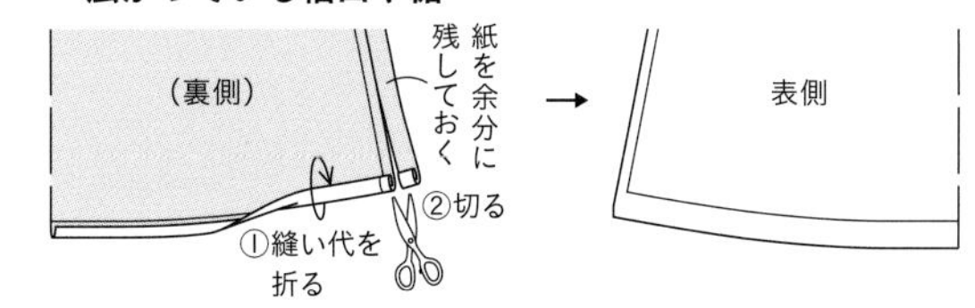

4. 布の裁断と印つけ

＊作り方ページの裁合せ図を参考に、布の上にパターンを配置します。

＊付録の実物大パターンにない直線だけのパーツは、作り方ページの裁合せ図に記した寸法でパターンを作るか、布に直接線を引いて裁ちます。衿ぐりや袖ぐりを始末するバイアス布は伸びやすいため、作り方によって幅や長さを出来上りの必要寸法より多く裁断し、工程の途中で縫い代を整理する方法にしています。

＊裁合せ図はMサイズのパターンを置いているため、サイズによって配置が変わる場合があります。裁断前には必ず布の上にパターンを並べ、すべてのパーツが入ることを確認しましょう。

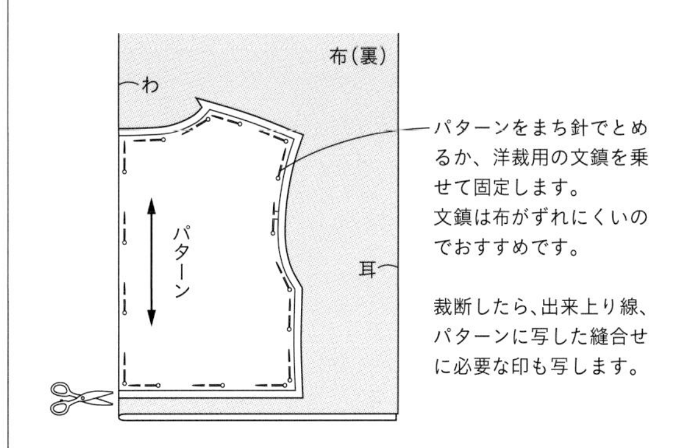

きれいに縫うために

＊裁断後のパーツは伸びやすいため片手で持たず、両手で丁寧に扱いましょう。ミシンで縫うときも、長いパーツは下に垂らさず、肩に乗せながら縫うと伸び防止になります。縫っている途中に試着するのも、布が伸びるので避けましょう。

＊縫う前に、同じ布のはぎれで試し縫いをします。布に対して、針と糸が合っているかを確認し、糸調子や針目を調整します。針目の大きさは普通地で、1cmに約５目が目安です。

＊１か所縫う度に、縫い目をアイロンで押さえます。縫い目が落ち着いてすっきり仕上がるほか、完成後にアイロンがかけられない部分もあるためです。

A　フレアスリーブワンピース

≫ p.6

B　バルーンスリーブワンピース

≫ p.8

［出来上り寸法］ ＊左からS／M／L／2L

〈**A**〉バスト＝100／104／108／112cm
袖丈＝29／30／31／32cm
着丈＝115.2／116.7／118.2／119.7cm

〈**B**〉バスト＝100／104／108／112cm
袖丈＝42.9／44.1／45.3／46.5cm
着丈＝120.2／121.7／123.2／124.7cm

［パターン］ 2裏

［材料］ ＊左からS／M／L／2L

〈**A**〉**表布**＝コットンリネン レジェール（CHECK&STRIPE）105cm幅
5m30cm／5m30cm／5m40cm／5m50cm
接着芯＝10×120／125／130／135cm
伸び止めテープ＝12mm幅 41cm

〈**B**〉**表布**＝リバティプリント Winterberry（CHECK&STRIPE）108cm幅
5m80cm／5m80cm／5m90cm／6m
接着芯＝10×120／125／130／135cm
伸び止めテープ＝12mm幅 41cm
ゴムテープ＝2cm幅 20／21／22／23cmを2本
くるみボタン＝直径1.5cmを2個

［準備］ ※裁合せ図も参照

＊表ベルトの裏に接着芯、前スカートのポケット口の縫い代裏に伸び止めテープをはる。
＊前後身頃の肩と脇、袖下、前後脇スカートの切替え線、袋布のポケット口側の縫い代端をロックミシン、またはジグザグミシンで始末する。

［作り方順序］

1. 〈**A**〉はひもを6本、〈**B**〉はひもとループを各2本作る。
2. 肩を縫う。
3. 衿ぐりを衿ぐりバイアス布で始末する。
4. 袖山にギャザー寄せて、身頃に縫いつける。
5. 袖下〜脇を縫い、右脇にひもを縫いつける。
6. 袖口を始末する。〈**A**〉は三つ折りにして縫う。〈**B**〉は袖口バイアス布で縫い返してゴムテープを通す。
7. ベルトに〈**A**〉はひも、〈**B**〉はひもとループをはさんで身頃に縫いつける。
8. ポケットを作りながら、前スカートと脇スカートの切替え線を縫う。
9. 脇スカートと後ろスカートの切替え線を縫う。
10. スカートの前端、裾を始末する。
11. スカートにギャザーミシンをかける。
12. ベルトとスカートを縫う。
13. ベルトの左脇に〈**A**〉はひも、〈**B**〉はボタンを縫いつける。

［裁合せ図］

A

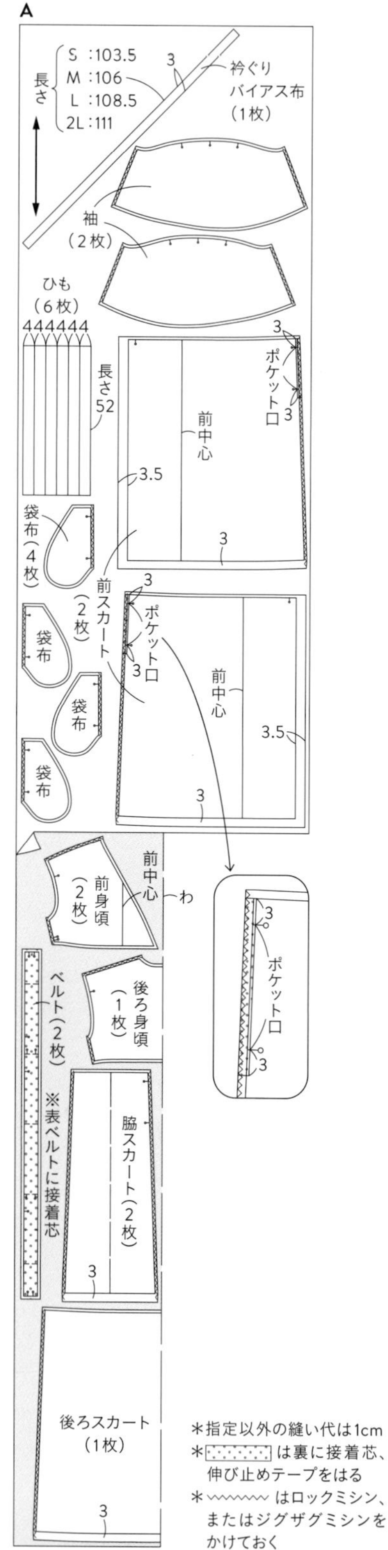

＊指定以外の縫い代は1cm
＊[点線部分]は裏に接着芯、伸び止めテープをはる
＊[波線]はロックミシン、またはジグザグミシンをかけておく

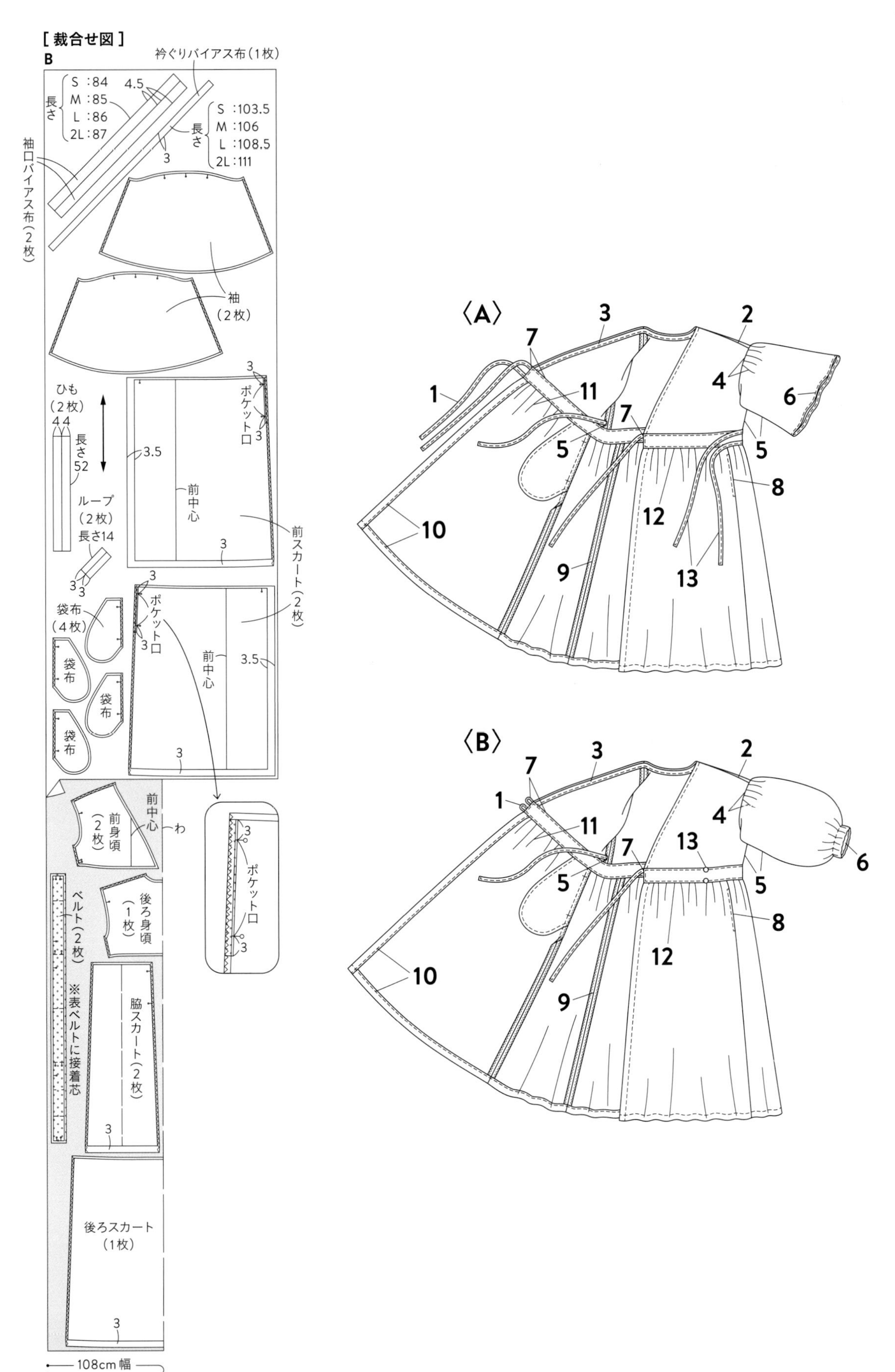
[裁合せ図]
B
衿ぐりバイアス布（1枚）
長さ S：84 M：85 L：86 2L：87
4.5
長さ S：103.5 M：106 L：108.5 2L：111
3
袖口バイアス布（2枚）
袖（2枚）
ひも（2枚）
4 4
長さ52
ループ（2枚）
長さ14
3
3.5
ポケット口
前中心
前スカート（2枚）
袋布（4枚）
袋布
3.5
前身頃（2枚）
前中心
わ
ベルト（2枚）
※表ベルトに接着芯
後ろ身頃（1枚）
脇スカート（2枚）
後ろスカート（1枚）
108cm幅
〈A〉
〈B〉
1
2
3
4
5
6
7
8
9
10
11
12
13

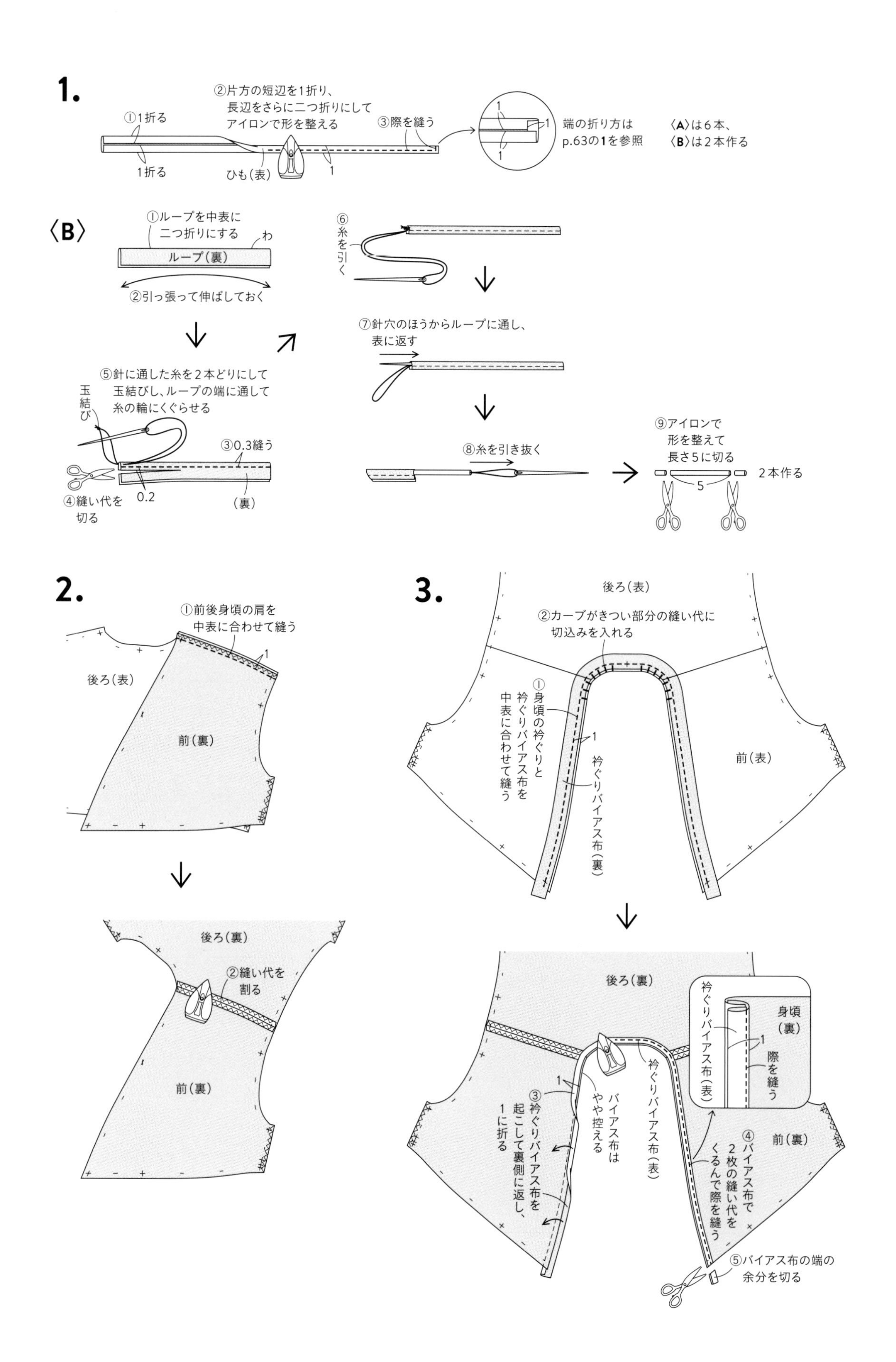
1.
①1折る
1折る
②片方の短辺を1折り、
長辺をさらに二つ折りにして
アイロンで形を整える
③際を縫う
ひも(表)
1
1
1
1
端の折り方は
p.63の1を参照
〈A〉は6本、
〈B〉は2本作る
〈B〉
①ループを中表に
二つ折りにする
わ
ループ(裏)
②引っ張って伸ばしておく
⑤針に通した糸を2本どりにして
玉結びし、ループの端に通して
糸の輪にくぐらせる
玉結び
③0.3縫う
④縫い代を
切る
0.2
(裏)
⑥糸を引く
⑦針穴のほうからループに通し、
表に返す
⑧糸を引き抜く
⑨アイロンで
形を整えて
長さ5に切る
5
2本作る
2.
①前後身頃の肩を
中表に合わせて縫う
1
後ろ(表)
前(裏)
後ろ(裏)
②縫い代を
割る
前(裏)
3.
後ろ(表)
②カーブがきつい部分の縫い代に
切込みを入れる
①身頃の衿ぐりと
衿ぐりバイアス布を
中表に合わせて縫う
1
衿ぐりバイアス布(裏)
前(表)
後ろ(裏)
衿ぐりバイアス布(表)
身頃
(裏)
1
際を縫う
1
③衿ぐりバイアス布を
起こして裏側に返し、
1に折る
バイアス布は
やや控える
衿ぐりバイアス布(表)
④バイアス布で
2枚の縫い代を
くるんで際を縫う
前(裏)
⑤バイアス布の端の
余分を切る

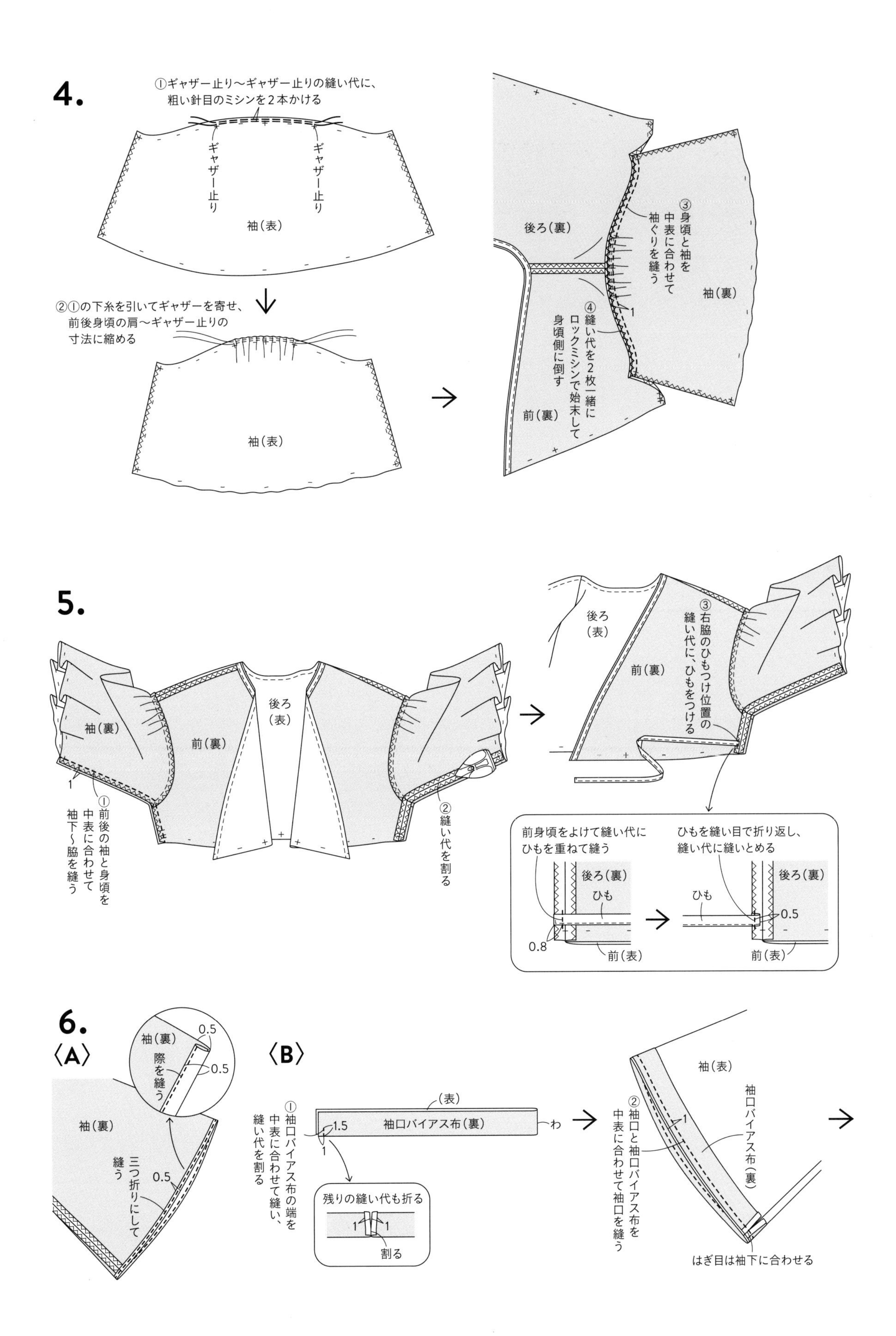
4.
①ギャザー止り〜ギャザー止りの縫い代に、粗い針目のミシンを2本かける
ギャザー止り
ギャザー止り
袖(表)
②①の下糸を引いてギャザーを寄せ、前後身頃の肩〜ギャザー止りの寸法に縮める
袖(表)
後ろ(裏)
③身頃と袖を中表に合わせて袖ぐりを縫う
袖(裏)
④縫い代を2枚一緒にロックミシンで始末して身頃側に倒す
前(裏)
1
5.
袖(裏)
前(裏)
後ろ(表)
①前後の袖と身頃を中表に合わせて袖下〜脇を縫う
②縫い代を割る
1
後ろ(表)
前(裏)
③右脇のひもつけ位置の縫い代に、ひもをつける
前身頃をよけて縫い代にひもを重ねて縫う
後ろ(裏)
ひも
0.8
前(表)
ひもを縫い目で折り返し、縫い代に縫いとめる
後ろ(裏)
ひも
0.5
前(表)
6.
〈A〉
袖(裏)
0.5
際を縫う
0.5
袖(裏)
三つ折りにして縫う
0.5
〈B〉
①袖口バイアス布の端を中表に合わせて縫い、縫い代を割る
(表)
1.5
袖口バイアス布(裏)
わ
1
残りの縫い代も折る
1
1
割る
袖(表)
②袖口と袖口バイアス布を中表に合わせて袖口を縫う
1
袖口バイアス布(裏)
はぎ目は袖下に合わせる

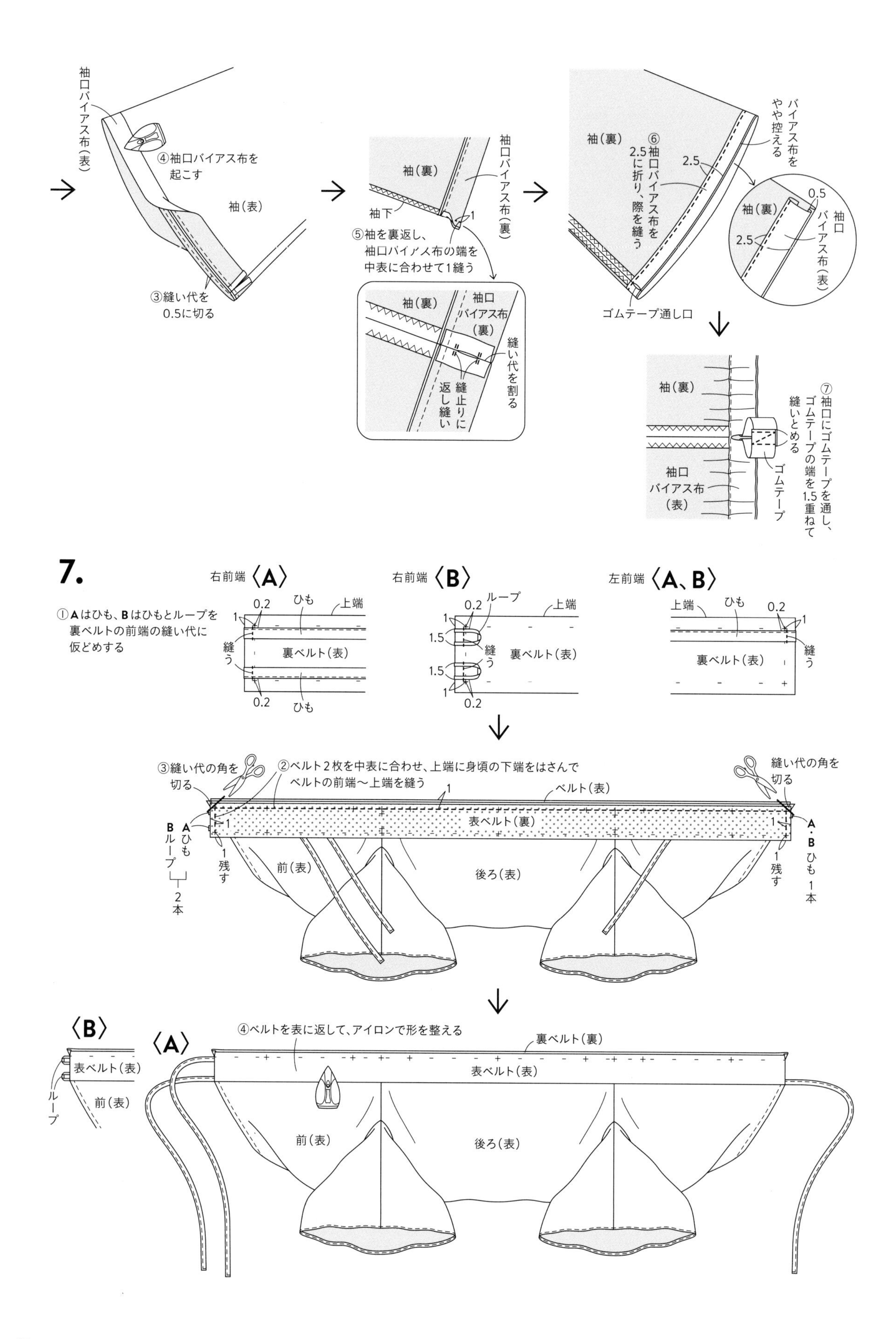
袖口バイアス布(表)
④袖口バイアス布を起こす
袖(表)
③縫い代を0.5に切る
袖(裏)
袖口バイアス布(裏)
袖下
⑤袖を裏返し、袖口バイアス布の端を中表に合わせて1縫う
縫い代を割る
縫止りに返し縫い
袖口バイアス布(裏)
バイアス布をやや控える
⑥袖口バイアス布を2.5に折り、際を縫う
2.5
0.5
袖口バイアス布(表)
ゴムテープ通し口
⑦袖口にゴムテープを通し、ゴムテープの端を1.5重ねて縫いとめる
ゴムテープ
袖口バイアス布(表)
7.
①Aはひも、Bはひもとループを裏ベルトの前端の縫い代に仮どめする
右前端〈A〉
右前端〈B〉
左前端〈A、B〉
ひも
上端
裏ベルト(表)
縫う
ループ
③縫い代の角を切る
②ベルト2枚を中表に合わせ、上端に身頃の下端をはさんでベルトの前端〜上端を縫う
縫い代の角を切る
ベルト(表)
表ベルト(裏)
Aひも
Bループ
2本
1残す
A・Bひも 1本
前(表)
後ろ(表)
〈B〉
〈A〉
④ベルトを表に返して、アイロンで形を整える
裏ベルト(裏)
表ベルト(表)
ループ

8.

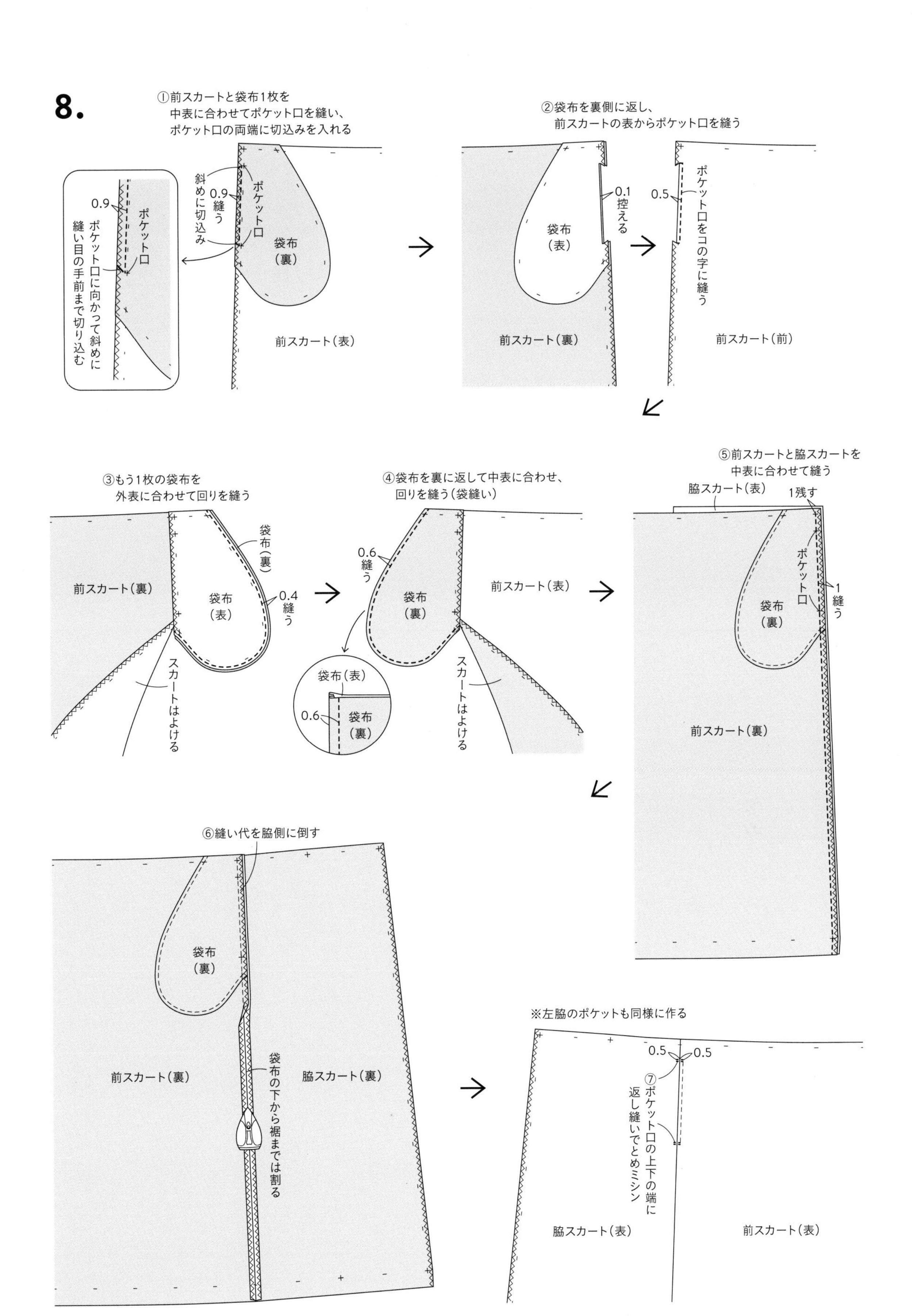
①前スカートと袋布1枚を
中表に合わせてポケット口を縫い、
ポケット口の両端に切込みを入れる
0.9
ポケット口
ポケット口に向かって斜めに
縫い目の手前まで切り込む
斜めに切込み
0.9縫う
ポケット口
袋布
(裏)
前スカート(表)
②袋布を裏側に返し、
前スカートの表からポケット口を縫う
0.1控える
袋布
(表)
前スカート(裏)
0.5
ポケット口をコの字に縫う
前スカート(前)
③もう1枚の袋布を
外表に合わせて回りを縫う
袋布(裏)
0.4縫う
前スカート(裏)
袋布
(表)
スカートはよける
④袋布を裏に返して中表に合わせ、
回りを縫う(袋縫い)
0.6縫う
袋布
(裏)
前スカート(表)
袋布(表)
0.6
袋布
(裏)
スカートはよける
⑤前スカートと脇スカートを
中表に合わせて縫う
脇スカート(表)
1残す
ポケット口
1縫う
袋布
(裏)
前スカート(裏)
⑥縫い代を脇側に倒す
袋布
(裏)
前スカート(裏)
袋布の下から裾までは割る
脇スカート(裏)
※左脇のポケットも同様に作る
0.5
0.5
⑦ポケット口の上下の端に
返し縫いでとめミシン
脇スカート(表)
前スカート(表)

9.

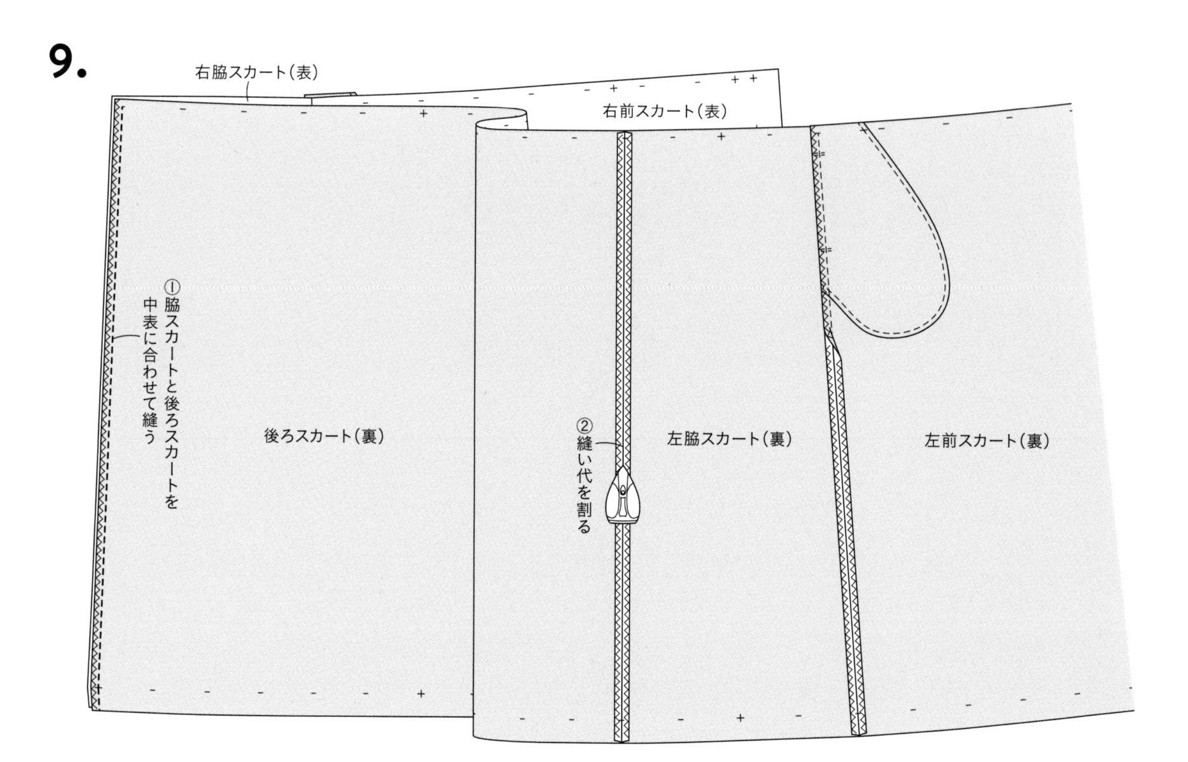
右脇スカート(表)
右前スカート(表)
①脇スカートと後ろスカートを中表に合わせて縫う
後ろスカート(裏)
②縫い代を割る
左脇スカート(裏)
左前スカート(裏)

10.

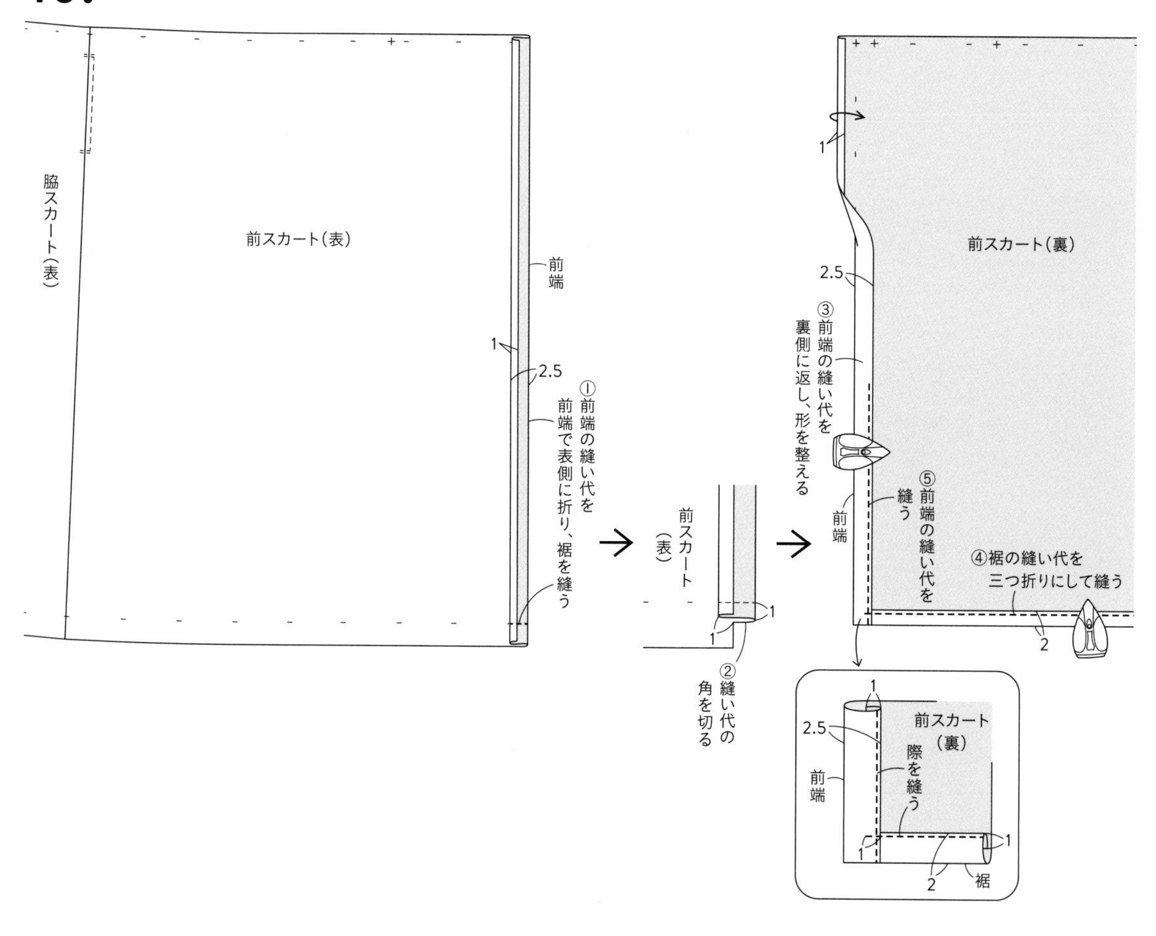
脇スカート(表)
前スカート(表)
前端
1
2.5
①前端の縫い代を前端で表側に折り、裾を縫う
前スカート(表)
1
1
②縫い代の角を切る
1
前スカート(裏)
2.5
③前端の縫い代を裏側に返し、形を整える
前端
⑤前端の縫い代を縫う
④裾の縫い代を三つ折りにして縫う
2
1
2.5
前スカート(裏)
際を縫う
前端
1
1
2
裾

11.

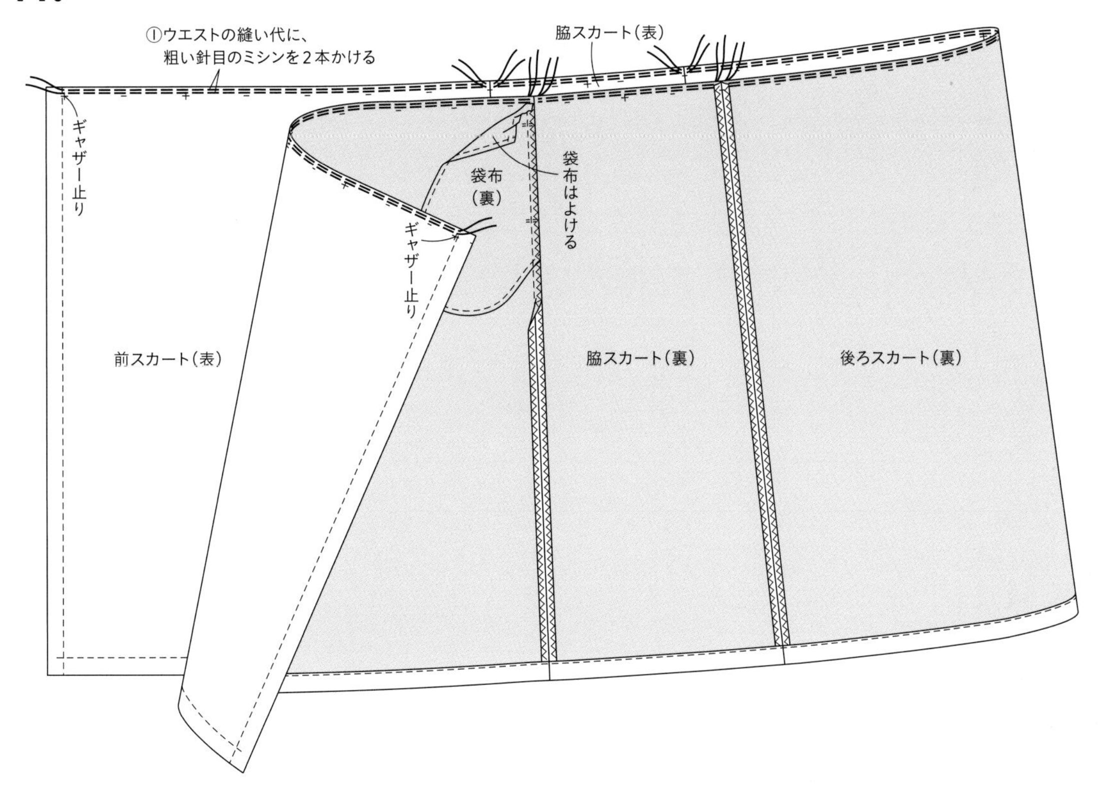

①ウエストの縫い代に、
粗い針目のミシンを２本かける
脇スカート（表）
ギャザー止り
袋布
（裏）
袋布はよける
ギャザー止り
前スカート（表）
脇スカート（裏）
後ろスカート（裏）

12.

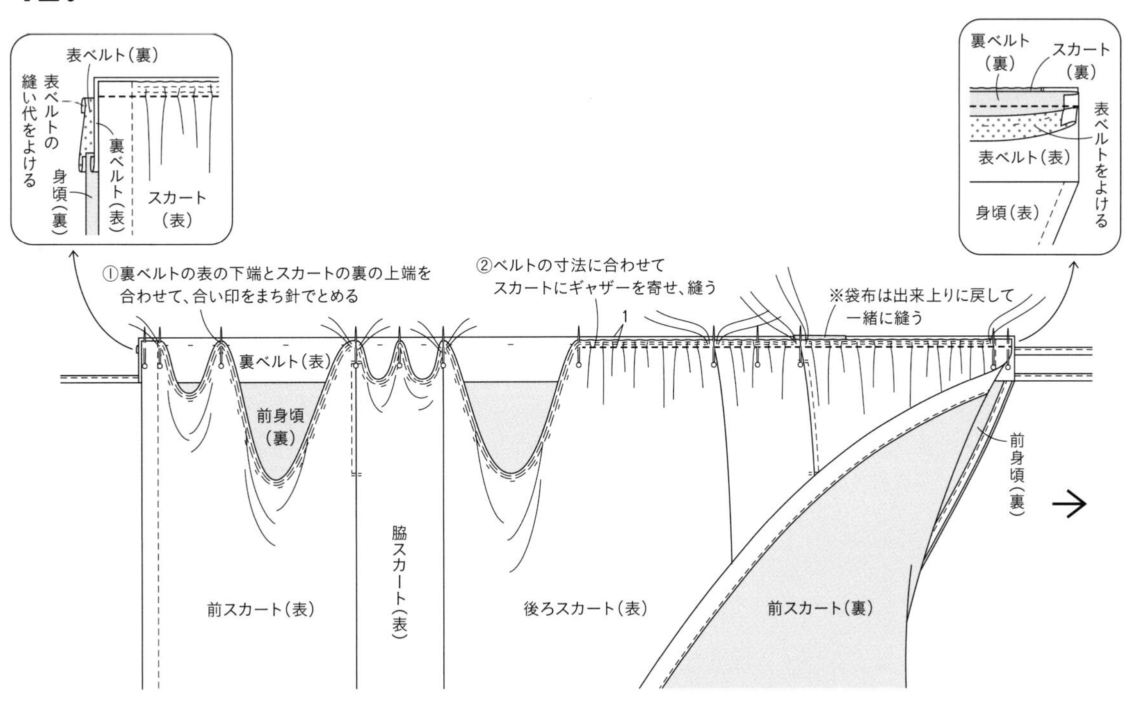

表ベルト（裏）
表ベルトの縫い代をよける
裏ベルト（表）
身頃（裏）
スカート（表）
裏ベルト（裏）
スカート（裏）
表ベルトをよける
表ベルト（表）
身頃（表）
①裏ベルトの表の下端とスカートの裏の上端を
合わせて、合い印をまち針でとめる
②ベルトの寸法に合わせて
スカートにギャザーを寄せ、縫う
※袋布は出来上りに戻して
一緒に縫う
1
裏ベルト（表）
前身頃
（裏）
前身頃
（裏）
脇スカート（表）
前スカート（表）
後ろスカート（表）
前スカート（裏）
→

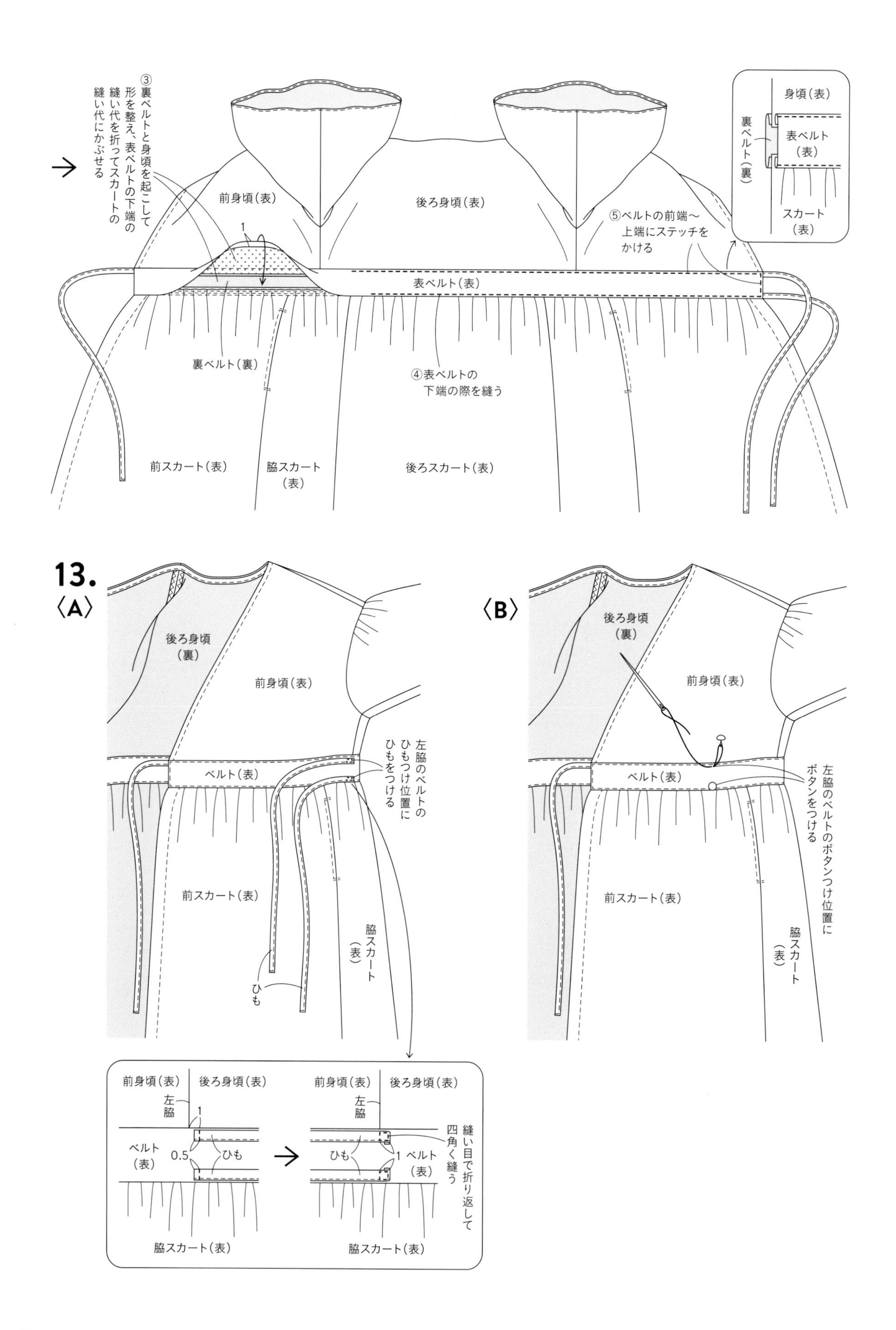
③裏ベルトと身頃を起こして形を整え、表ベルトの下端の縫い代を折って表スカートの縫い代にかぶせる
前身頃(表)
後ろ身頃(表)
1
⑤ベルトの前端～上端にステッチをかける
表ベルト(表)
身頃(表)
裏ベルト(裏)
表ベルト(表)
スカート(表)
裏ベルト(裏)
④表ベルトの下端の際を縫う
前スカート(表)
脇スカート(表)
後ろスカート(表)
13.
〈A〉
後ろ身頃(裏)
前身頃(表)
ベルト(表)
左脇のベルトのひもつけ位置にひもをつける
前スカート(表)
脇スカート(表)
ひも
前身頃(表)
後ろ身頃(表)
左脇
1
ベルト(表)
0.5
ひも
脇スカート(表)
前身頃(表)
後ろ身頃(表)
左脇
ひも
1
ベルト(表)
縫い目で折り返して四角く縫う
脇スカート(表)
〈B〉
後ろ身頃(裏)
前身頃(表)
ベルト(表)
左脇のベルトのボタンつけ位置にボタンをつける
前スカート(表)
脇スカート(表)

C フレンチスリーブワンピース

» p.10

［出来上り寸法］ ＊左からS／M／L／2L

バスト＝129／133／137／141cm

着丈＝112.5／114／115.5／117cm

［パターン］ 1裏

［材料］ ＊左からS／M／L／2L

表布＝天使のリネン（CHECK&STRIPE）100cm幅 3m70cm／3m70cm／3m80cm／3m90cm

接着芯＝70×55／55／55／60cm

［準備］ ※裁合せ図も参照

＊前後見返しの裏に接着芯をはる。

＊前後身頃の脇の縫い代端をロックミシン、またはジグザグミシンで始末する。

［作り方順序］

1. ひもを4本作る。
2. 身頃、見返しの肩をそれぞれ縫う。
3. 衿ぐりにひもをはさんで見返しで縫い返す。
4. 袖ぐりを袖ぐりバイアス布で始末する。
5. 身頃の脇を縫う。左脇にはひもをはさむ。
6. 身頃のウエストにギャザーを寄せる。
7. スカートの脇を縫う。
8. スカートのウエストにタックをたたみ、裾、前端を始末する。
9. スカートのウエストにギャザーを寄せる。
10. 身頃とスカートを縫う。
11. 衿ぐりにステッチをかけて、前身頃の右脇にひもを縫いつける。

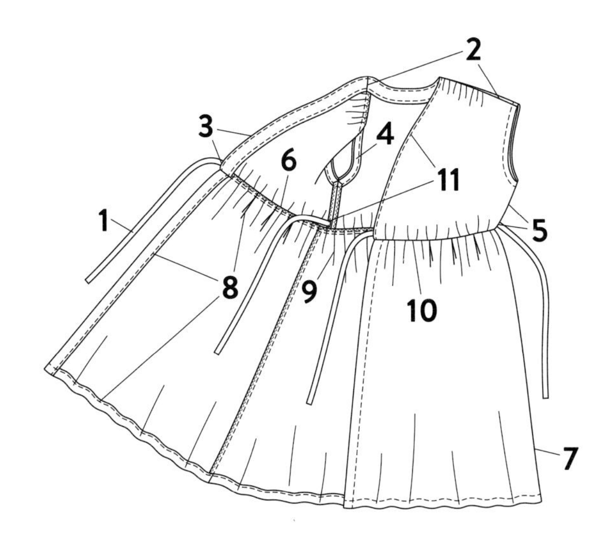

［裁合せ図］

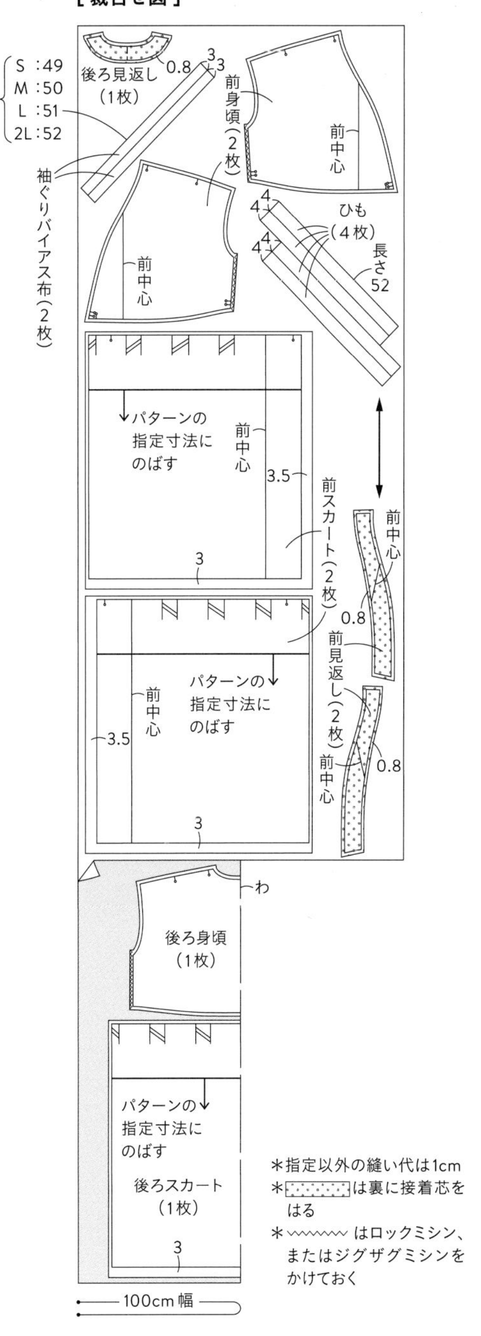

1.

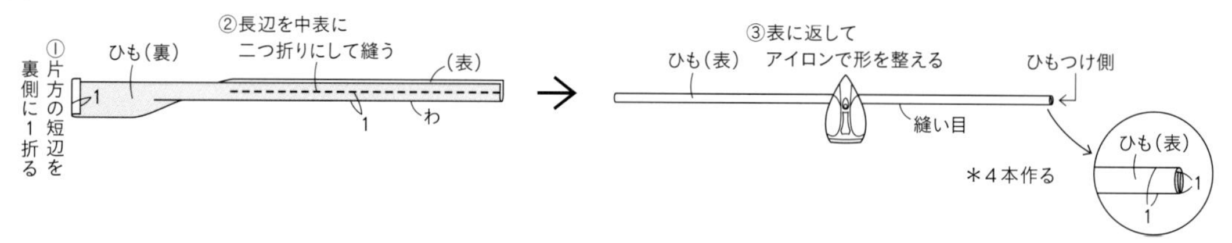
①片方の短辺を裏側に1折る
ひも(裏)
1
②長辺を中表に二つ折りにして縫う
(表)
1
わ
③表に返してアイロンで形を整える
ひも(表)
ひもつけ側
縫い目
＊4本作る
ひも(表)
1
1

2.

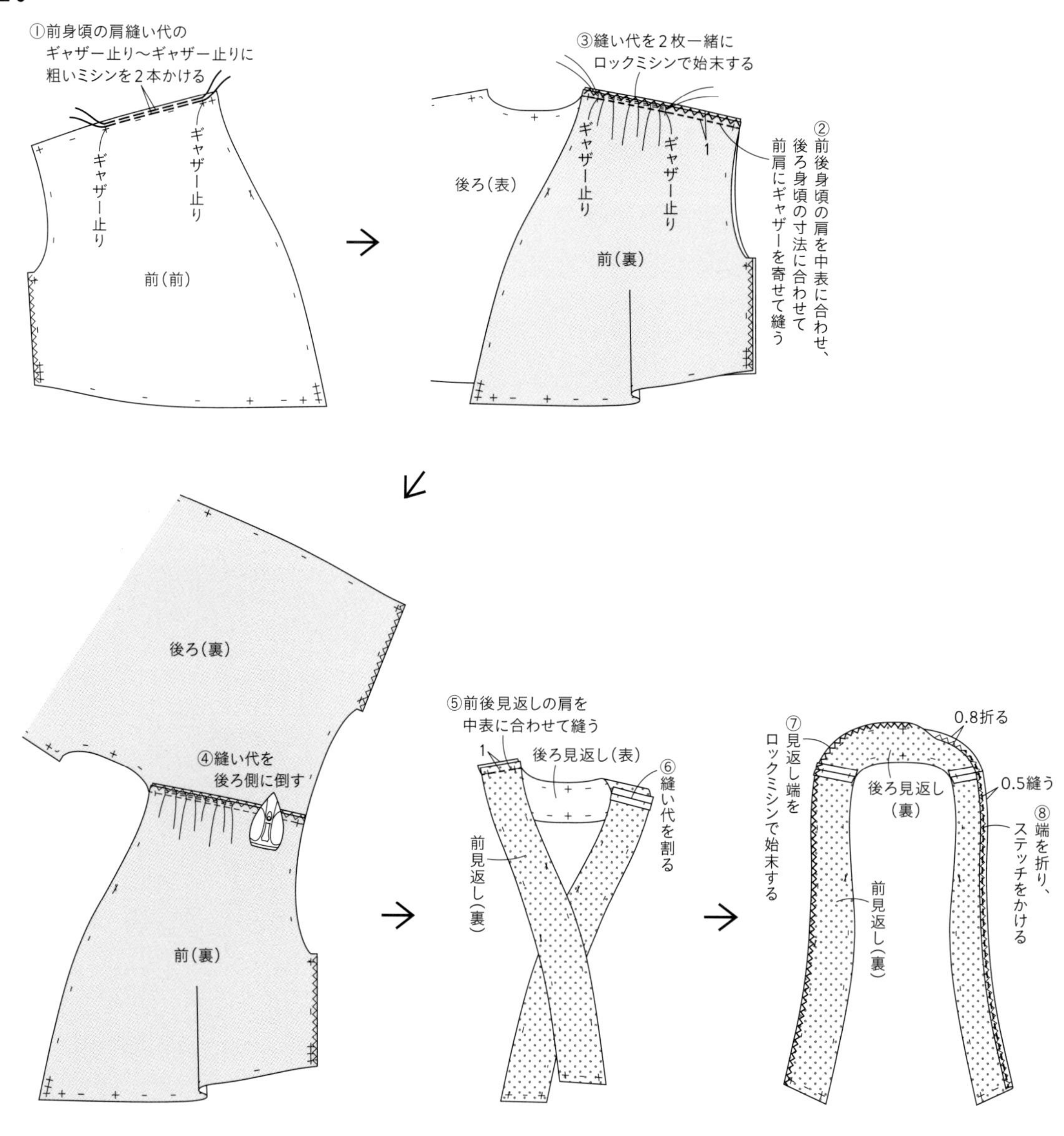
①前身頃の肩縫い代のギャザー止り〜ギャザー止りに粗いミシンを2本かける
ギャザー止り
ギャザー止り
前(前)
③縫い代を2枚一緒にロックミシンで始末する
後ろ(表)
ギャザー止り
ギャザー止り
1
②前後身頃の肩を中表に合わせ、後ろ身頃の寸法に合わせて前肩にギャザーを寄せて縫う
前(裏)
後ろ(裏)
④縫い代を後ろ側に倒す
前(裏)
⑤前後見返しの肩を中表に合わせて縫う
1
後ろ見返し(表)
⑥縫い代を割る
前見返し(裏)
⑦見返し端をロックミシンで始末する
0.8折る
後ろ見返し(裏)
0.5縫う
⑧端を折り、ステッチをかける
前見返し(裏)

3.

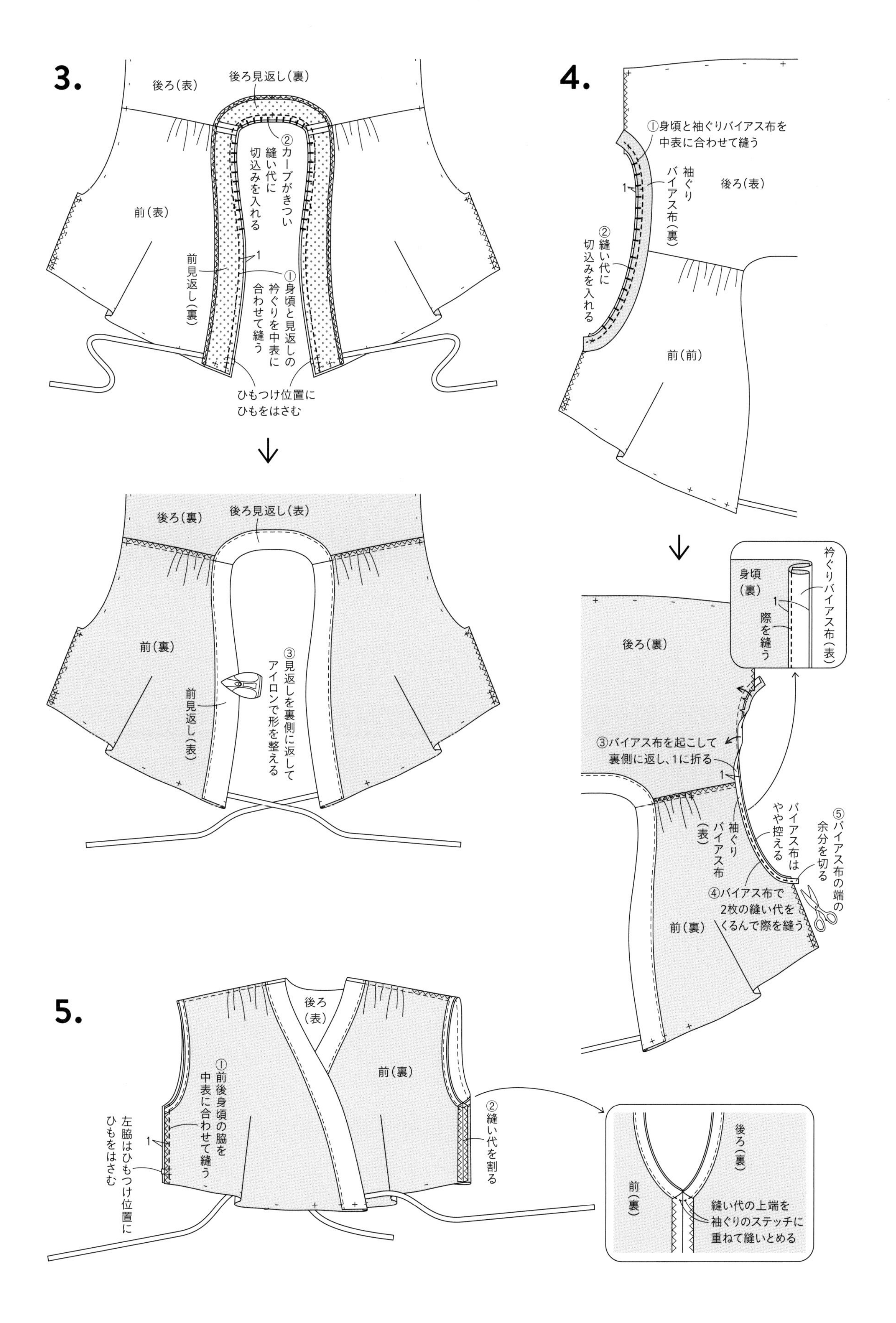
後ろ(表)
後ろ見返し(裏)
②カーブがきつい縫い代に切込みを入れる
前(表)
前見返し(裏)
1
①身頃と見返しの衿ぐりを中表に合わせて縫う
ひもつけ位置にひもをはさむ
後ろ(裏)
後ろ見返し(表)
前(裏)
前見返し(表)
③見返しを裏側に返してアイロンで形を整える
4.
①身頃と袖ぐりバイアス布を中表に合わせて縫う
袖ぐりバイアス布(裏)
後ろ(表)
1
②縫い代に切込みを入れる
前(前)
身頃(裏)
衿ぐりバイアス布(表)
1
際を縫う
後ろ(裏)
③バイアス布を起こして裏側に返し、1に折る
1
(表)
袖ぐりバイアス布
バイアス布はやや控える
⑤バイアス布の端の余分を切る
④バイアス布で2枚の縫い代をくるんで際を縫う
前(裏)
5.
後ろ(表)
前(裏)
①前後身頃の脇を中表に合わせて縫う
左脇はひもつけ位置にひもをはさむ
1
②縫い代を割る
後ろ(裏)
前(裏)
縫い代の上端を袖ぐりのステッチに重ねて縫いとめる

6.

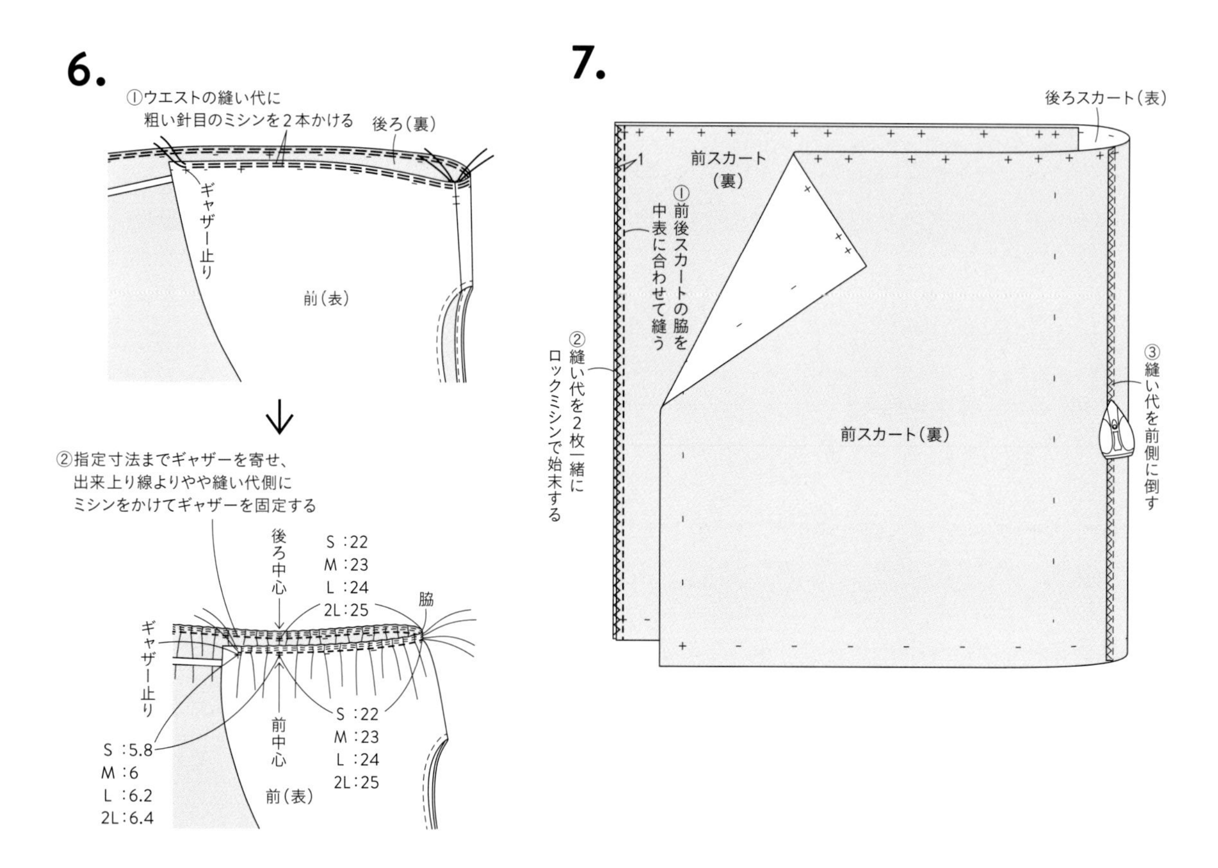

①ウエストの縫い代に
粗い針目のミシンを2本かける
後ろ(裏)
ギャザー止り
前(表)
②指定寸法までギャザーを寄せ、
出来上り線よりやや縫い代側に
ミシンをかけてギャザーを固定する
後ろ中心
S:22
M:23
L:24
2L:25
脇
ギャザー止り
前中心
S:22
M:23
L:24
2L:25
S:5.8
M:6
L:6.2
2L:6.4
前(表)

7.

後ろスカート(表)
1
前スカート
(裏)
①前後スカートの脇を中表に合わせて縫う
②縫い代を2枚一緒にロックミシンで始末する
前スカート(裏)
③縫い代を前側に倒す

8.

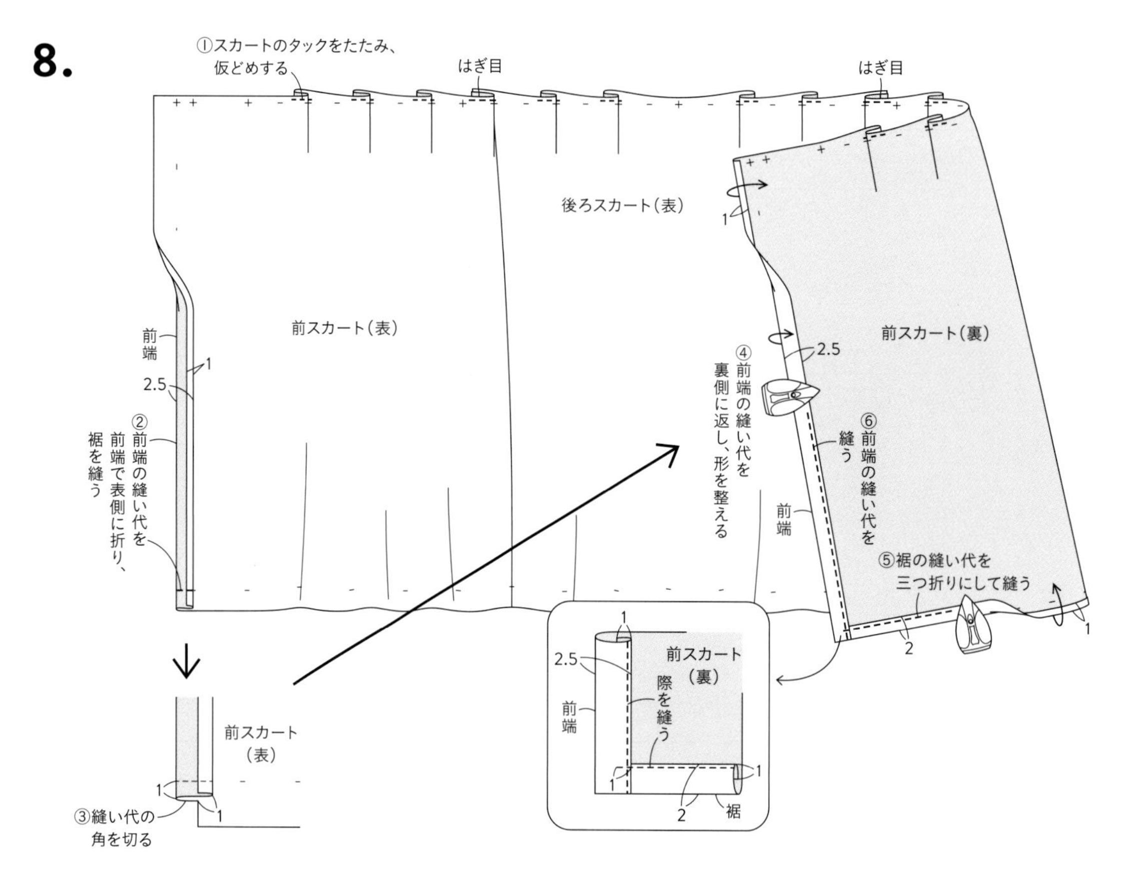

①スカートのタックをたたみ、
仮どめする
はぎ目
はぎ目
後ろスカート(表)
前スカート(表)
1
前端
1
2.5
②前端の縫い代を前端で表側に折り、裾を縫う
④前端の縫い代を裏側に返し、形を整える
2.5
前スカート(裏)
⑥前端の縫い代を縫う
前端
⑤裾の縫い代を
三つ折りにして縫う
2
1
前スカート
(表)
1
1
③縫い代の
角を切る
1
2.5
前スカート
(裏)
際を縫う
前端
1
1
2
裾

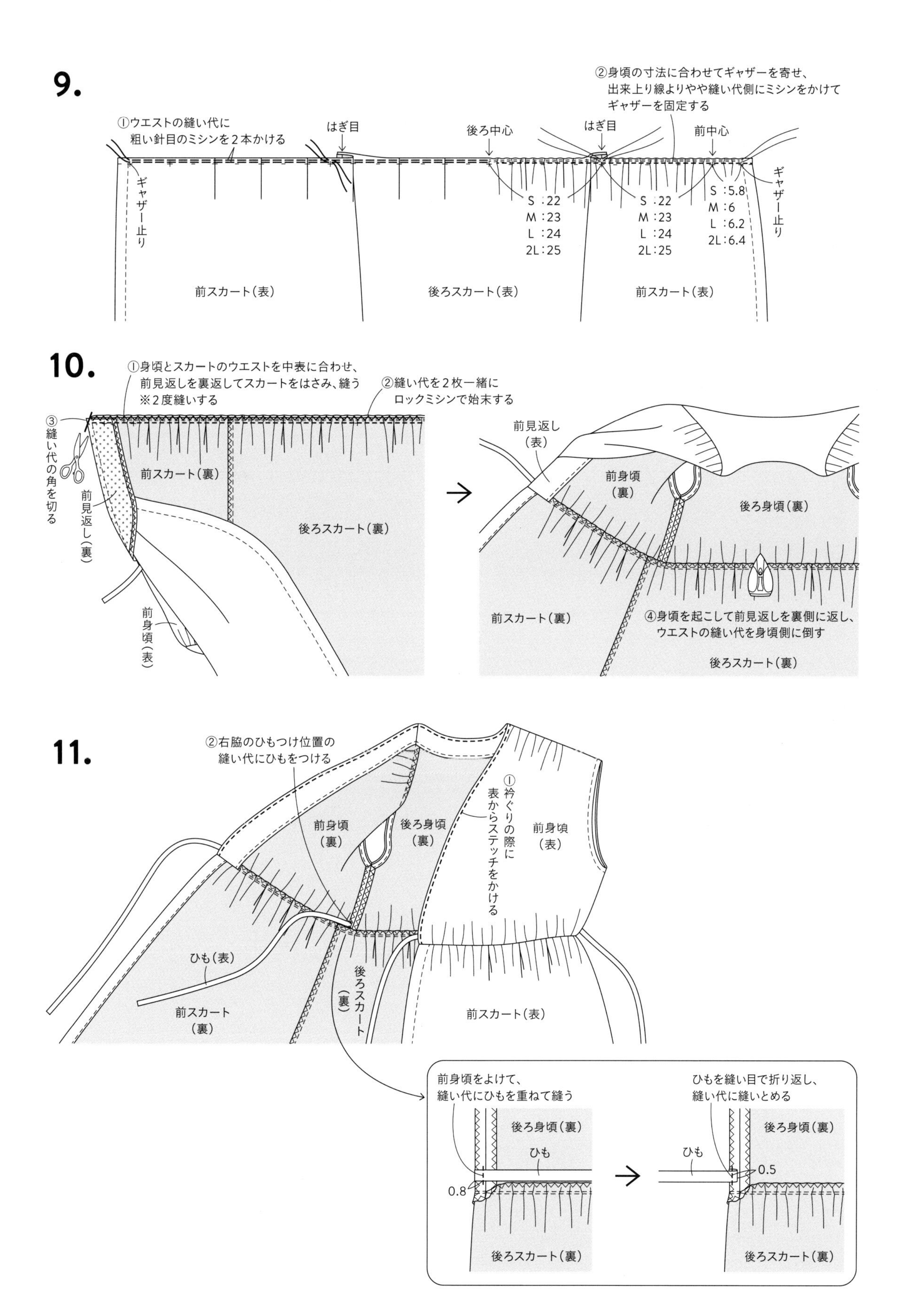
9.
①ウエストの縫い代に
粗い針目のミシンを2本かける
はぎ目
後ろ中心
はぎ目
②身頃の寸法に合わせてギャザーを寄せ、
出来上り線よりやや縫い代側にミシンをかけて
ギャザーを固定する
前中心
ギャザー止り
S：22
M：23
L：24
2L：25
S：22
M：23
L：24
2L：25
S：5.8
M：6
L：6.2
2L：6.4
ギャザー止り
前スカート（表）
後ろスカート（表）
前スカート（表）
10.
①身頃とスカートのウエストを中表に合わせ、
前見返しを裏返してスカートをはさみ、縫う
※2度縫いする
②縫い代を2枚一緒に
ロックミシンで始末する
③縫い代の角を切る
前スカート（裏）
前見返し（裏）
後ろスカート（裏）
前身頃（表）
前見返し
（表）
前身頃
（裏）
後ろ身頃（裏）
前スカート（裏）
④身頃を起こして前見返しを裏側に返し、
ウエストの縫い代を身頃側に倒す
後ろスカート（裏）
11.
②右脇のひもつけ位置の
縫い代にひもをつける
①衿ぐりの際に表からステッチをかける
前身頃
（裏）
後ろ身頃
（裏）
前身頃
（表）
ひも（表）
前スカート
（裏）
後ろスカート（裏）
前スカート（表）
前身頃をよけて、
縫い代にひもを重ねて縫う
後ろ身頃（裏）
ひも
0.8
後ろスカート（裏）
ひもを縫い目で折り返し、
縫い代に縫いとめる
ひも
0.5
後ろ身頃（裏）
後ろスカート（裏）

D | ヨーク切替えギャザーワンピース

≫ p.14

［出来上り寸法］ ＊左からS／M／L&2L

バスト＝189.4／197.4／205.4cm
袖丈＝51.4／52.4／53.4cm
着丈＝114／115.5／117cm

［パターン］ 1 裏

［材料］ ＊左からS／M／L・2L

表布＝コットンリネン レジェール（CHECK&STRIPE）105cm幅
6m20cm／6m20cm／6m30cm
ゴムテープ＝2cm幅 22／23／24cmを２本

［準備］ ※裁合せ図も参照

＊前後身頃の脇と袖下の縫い代端をロックミシン、
またはジグザグミシンで始末する。

［作り方順序］

1. 脇ひも、前ひもを各２本作る。
2. 後ろ身頃の後ろ中心を縫う。
3. 前後身頃にギャザーを寄せる。
4. 身頃とヨークを縫う。
5. 脇を縫う。左脇には脇ひもをはさむ。
6. 前端と裾を始末する。
7. 衿ぐりを衿ぐりバイアス布でくるみ、前ひもを縫いつける。
8. 袖を作る。
9. 袖をつける。
10. 右脇に脇ひもを縫いつけて、袖口にゴムテープを通す。

［裁合せ図］

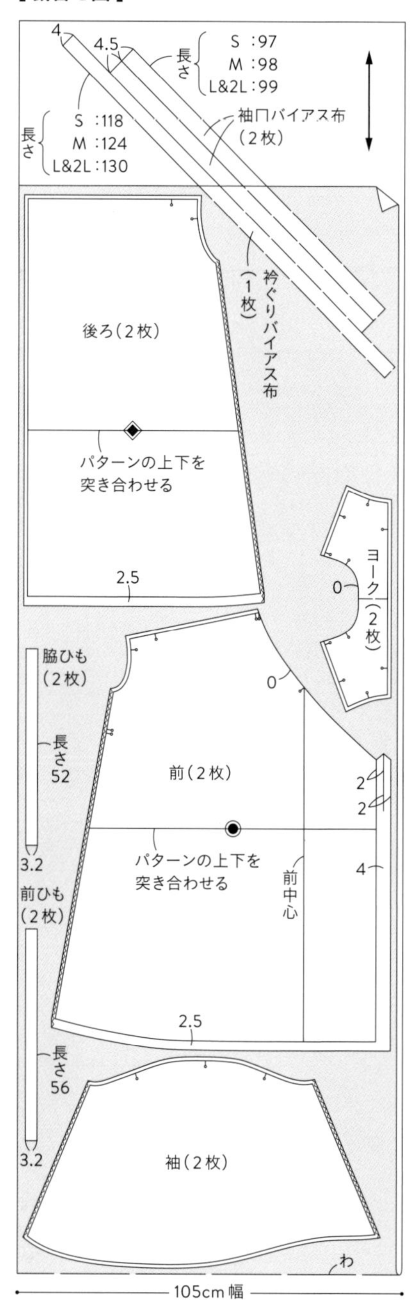

＊指定以外の縫い代は1cm
＊〰〰〰はロックミシン、
またはジグザグミシンをかけておく

1.

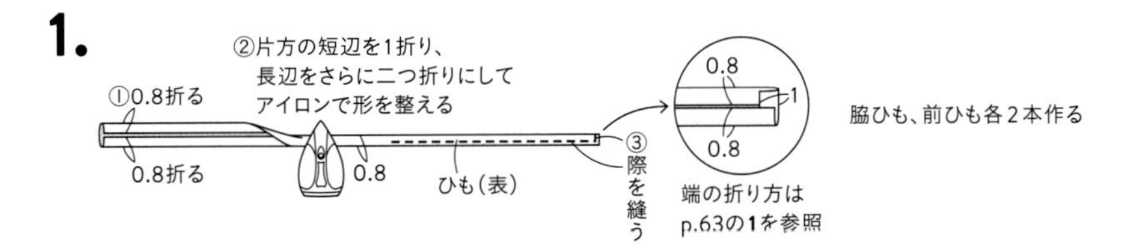
①0.8折る
0.8折る
②片方の短辺を1折り、
長辺をさらに二つ折りにして
アイロンで形を整える
0.8
ひも(表)
③際を縫う
0.8
1
0.8
端の折り方は
p.63の1を参照
脇ひも、前ひも各2本作る

2.

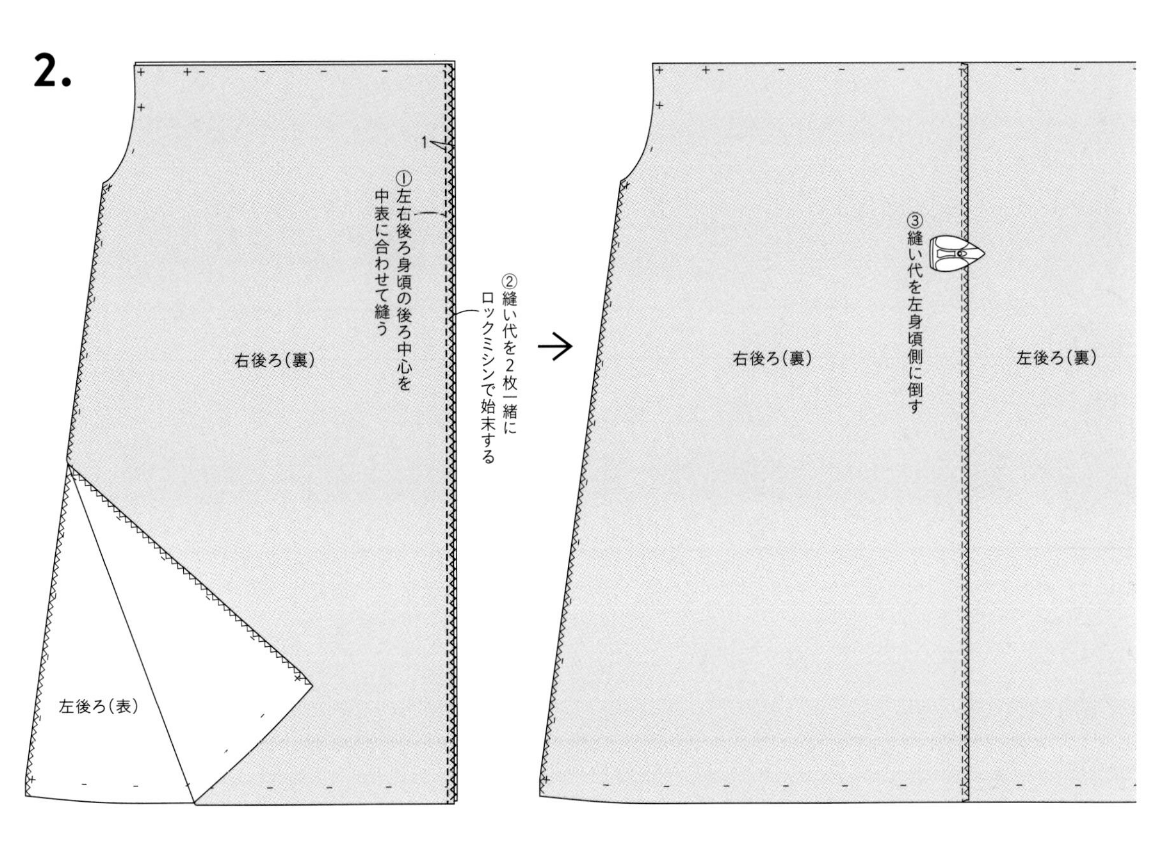
1
①左右後ろ身頃の後ろ中心を中表に合わせて縫う
②縫い代を2枚一緒にロックミシンで始末する
右後ろ(裏)
左後ろ(表)
③縫い代を左身頃側に倒す
右後ろ(裏)
左後ろ(裏)

3.

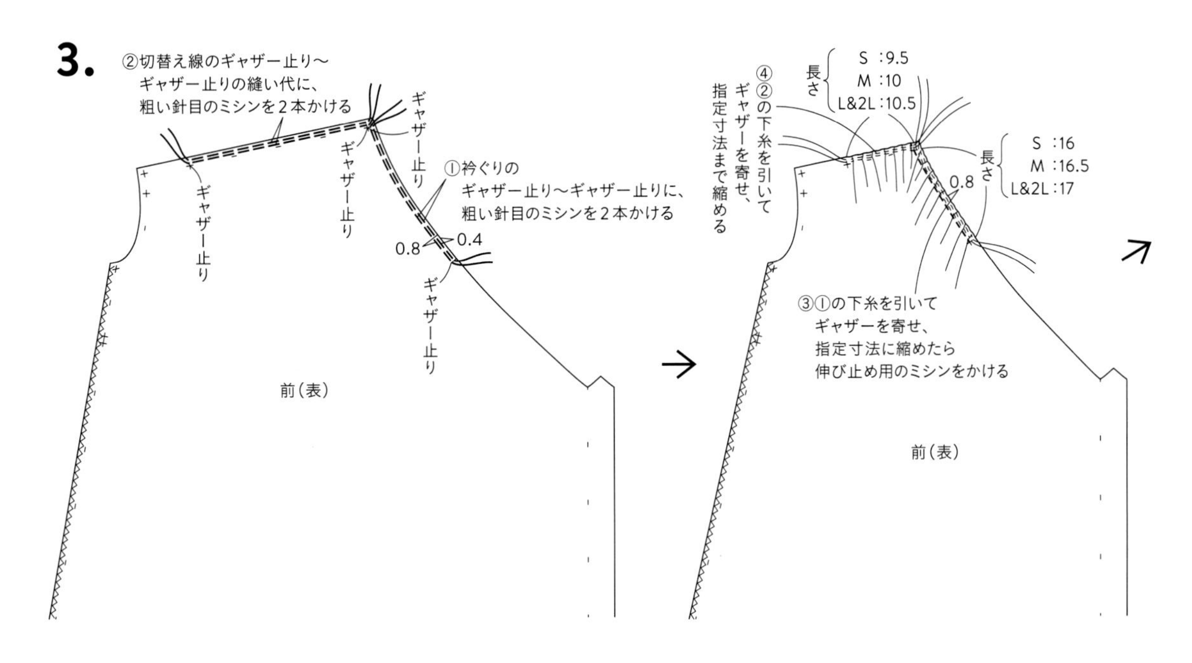
②切替え線のギャザー止り～
ギャザー止りの縫い代に、
粗い針目のミシンを2本かける
ギャザー止り
ギャザー止り
ギャザー止り
①衿ぐりの
ギャザー止り～ギャザー止りに、
粗い針目のミシンを2本かける
0.8
0.4
ギャザー止り
前(表)
④②の下糸を引いてギャザーを寄せ、指定寸法まで縮める
長さ
S :9.5
M :10
L&2L :10.5
長さ
S :16
M :16.5
L&2L :17
0.8
③①の下糸を引いて
ギャザーを寄せ、
指定寸法に縮めたら
伸び止め用のミシンをかける
前(表)

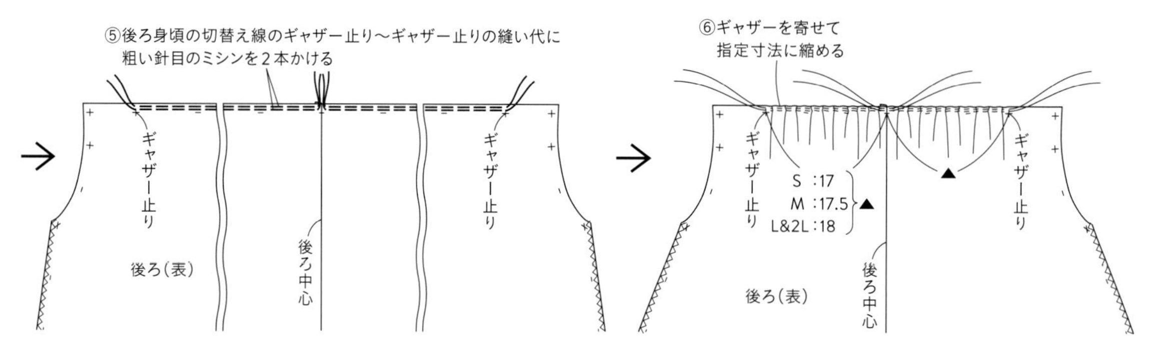
⑤後ろ身頃の切替え線のギャザー止り〜ギャザー止りの縫い代に
粗い針目のミシンを2本かける
ギャザー止り
ギャザー止り
後ろ(表)
後ろ中心
⑥ギャザーを寄せて
指定寸法に縮める
ギャザー止り
ギャザー止り
S :17
M :17.5
L&2L :18
後ろ(表)
後ろ中心

4.

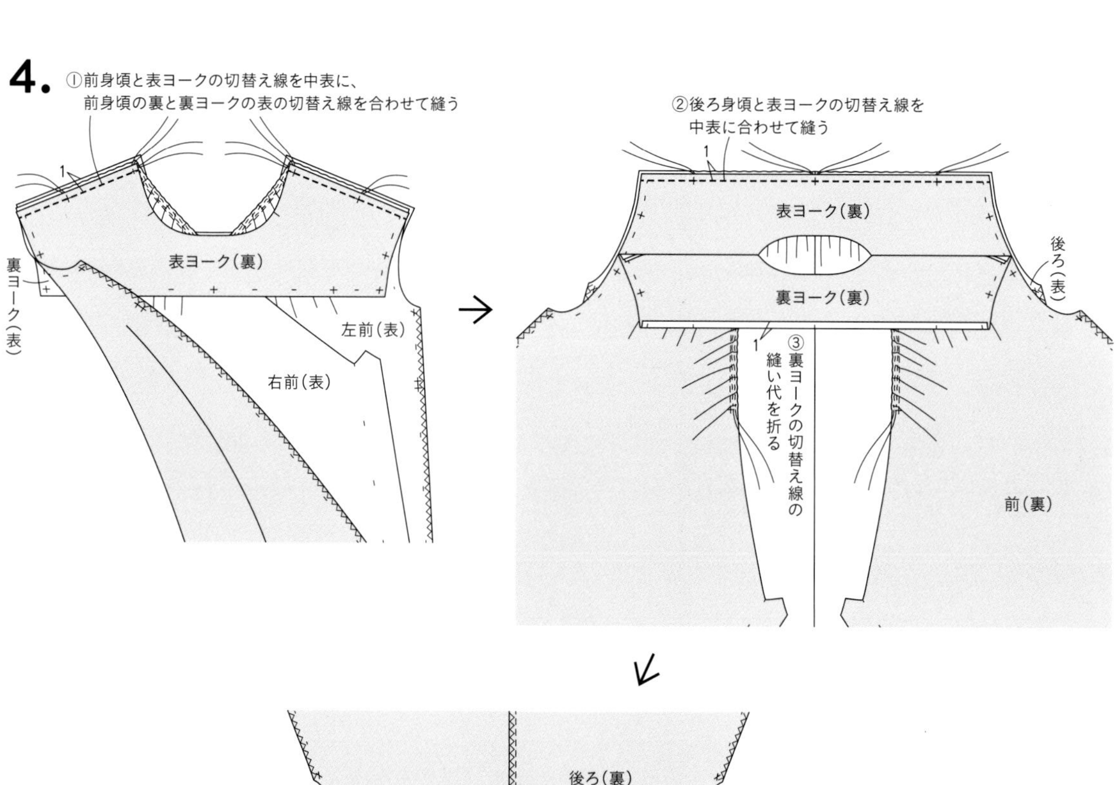
①前身頃と表ヨークの切替え線を中表に、
前身頃の裏と裏ヨークの表の切替え線を合わせて縫う
1
表ヨーク(裏)
裏ヨーク(表)
左前(表)
右前(表)
②後ろ身頃と表ヨークの切替え線を
中表に合わせて縫う
1
表ヨーク(裏)
裏ヨーク(裏)
後ろ(表)
1
③裏ヨークの切替え線の
縫い代を折る
前(裏)

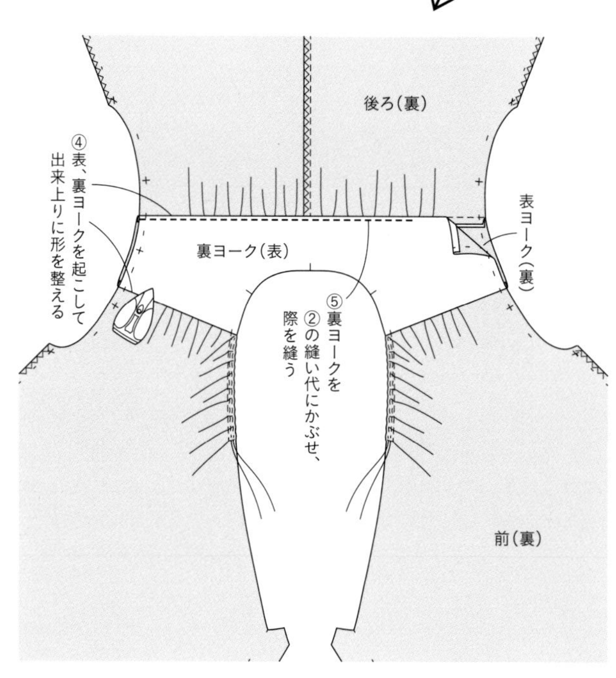
後ろ(裏)
④表、裏ヨークを起こして
出来上りに形を整える
裏ヨーク(表)
表ヨーク(裏)
⑤裏ヨークを
②の縫い代にかぶせ、
際を縫う
前(裏)

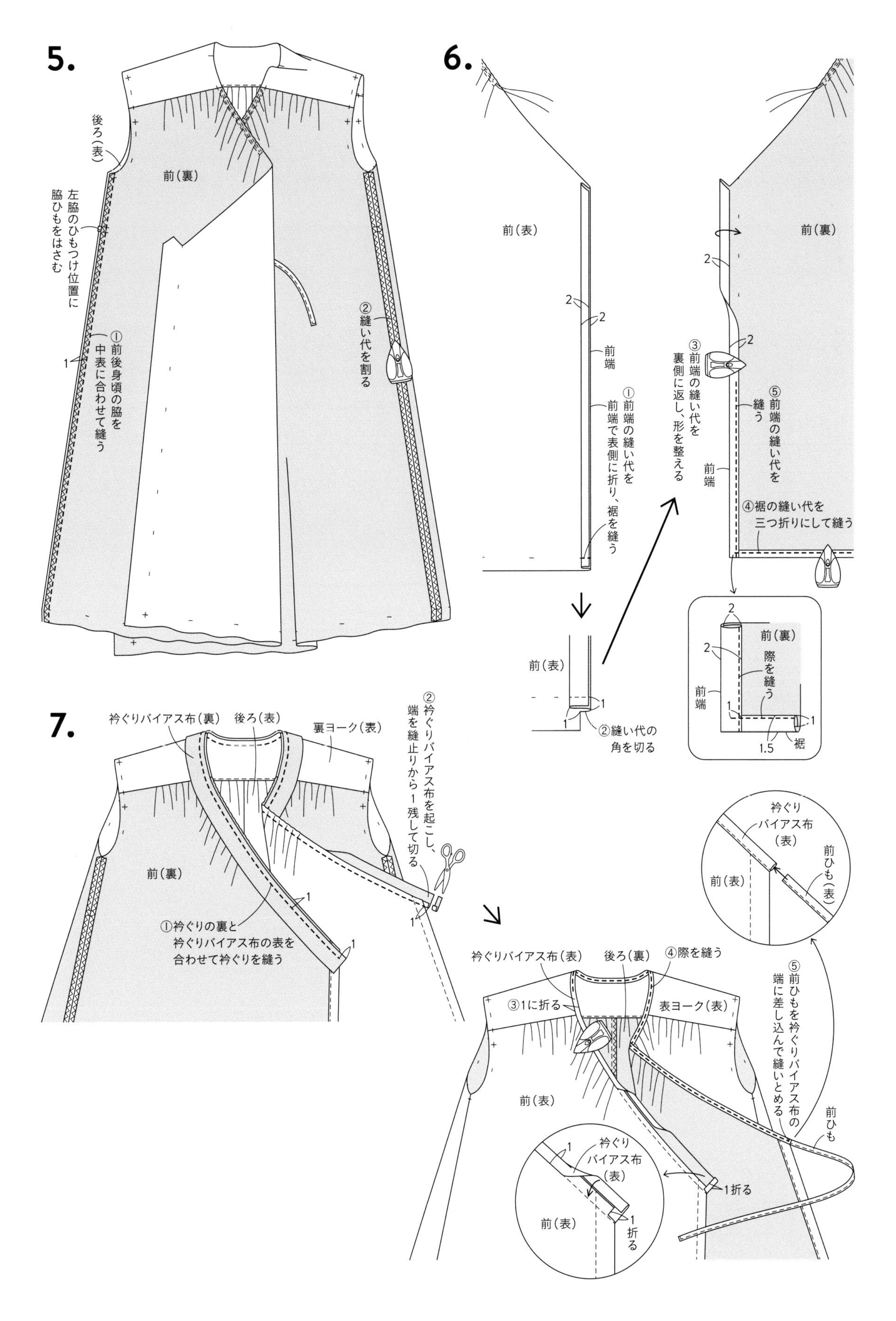
5.
後ろ(表)
前(裏)
左脇のひもつけ位置に脇ひもをはさむ
①前後身頃の脇を中表に合わせて縫う
1
②縫い代を割る
6.
前(表)
2
2
前端
①前端の縫い代を前端で表側に折り、裾を縫う
前(表)
1
1
②縫い代の角を切る
前(裏)
2
2
③前端の縫い代を裏側に返し、形を整える
⑤前端の縫い代を縫う
前端
④裾の縫い代を三つ折りにして縫う
2
前(裏)
2
際を縫う
前端
1
1
1.5
裾
7.
衿ぐりバイアス布(裏)
後ろ(表)
裏ヨーク(表)
②衿ぐりバイアス布を起こし、端を縫止りから1残して切る
前(裏)
1
①衿ぐりの裏と衿ぐりバイアス布の表を合わせて衿ぐりを縫う
1
1
衿ぐりバイアス布(表)
前ひも(表)
前(表)
衿ぐりバイアス布(表)
後ろ(裏)
④際を縫う
③1に折る
表ヨーク(表)
⑤前ひもを衿ぐりバイアス布の端に差し込んで縫いとめる
前(表)
前ひも
1
衿ぐりバイアス布(表)
前(表)
1折る
1折る

8.

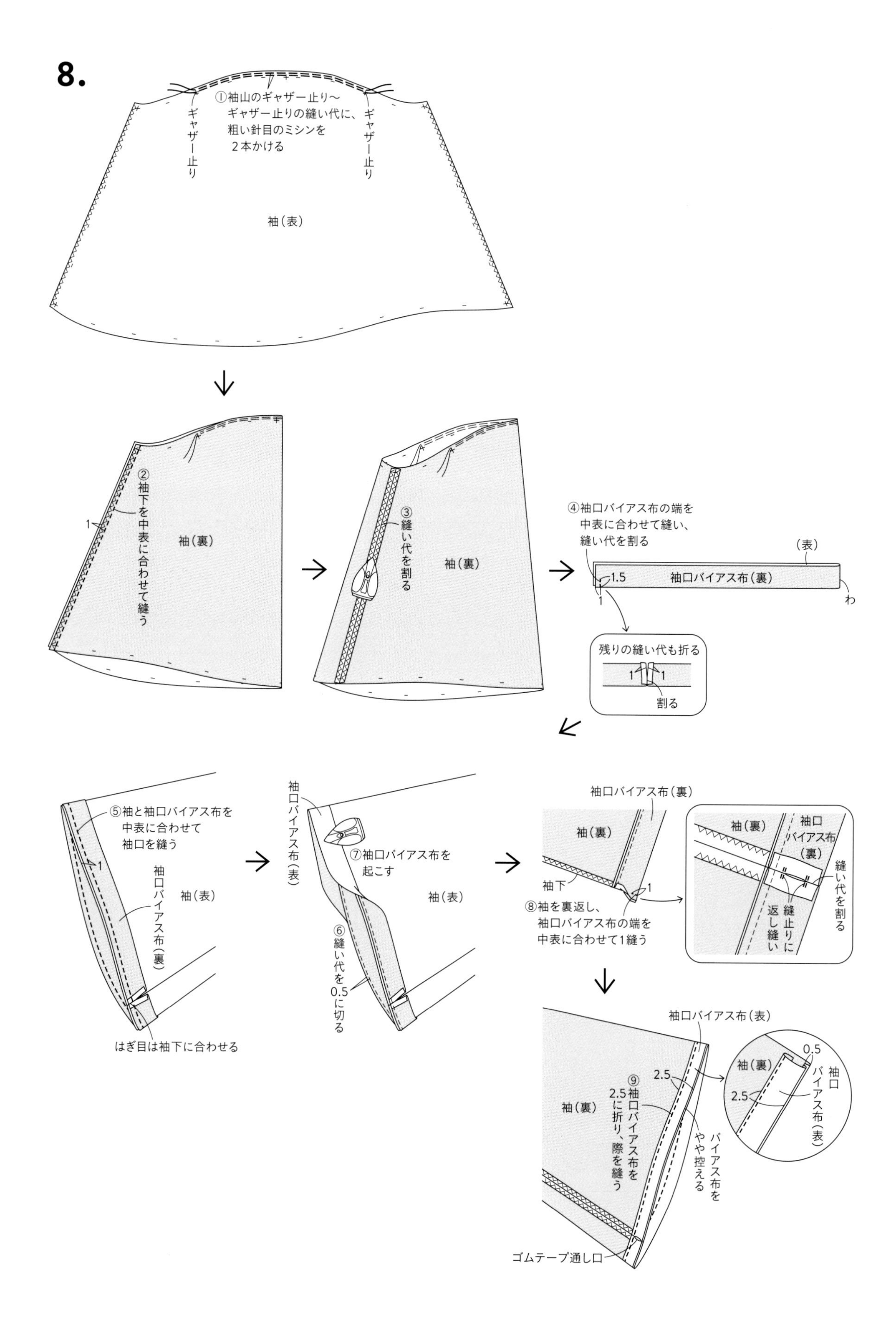

①袖山のギャザー止り〜
ギャザー止りの縫い代に、
粗い針目のミシンを
2本かける
ギャザー止り
ギャザー止り
袖（表）
②袖下を中表に合わせて縫う
1
袖（裏）
③縫い代を割る
袖（裏）
④袖口バイアス布の端を
中表に合わせて縫い、
縫い代を割る
（表）
1.5
袖口バイアス布（裏）
1
わ
残りの縫い代も折る
1
1
割る
⑤袖と袖口バイアス布を
中表に合わせて
袖口を縫う
1
袖口バイアス布（裏）
袖（表）
はぎ目は袖下に合わせる
袖口バイアス布（表）
⑦袖口バイアス布を
起こす
袖（表）
⑥縫い代を0.5に切る
袖口バイアス布（裏）
袖（裏）
袖下
1
⑧袖を裏返し、
袖口バイアス布の端を
中表に合わせて1縫う
袖（裏）
袖口バイアス布（裏）
縫い代を割る
縫止りに返し縫い
袖口バイアス布（表）
袖（裏）
2.5
⑨袖口バイアス布を2.5に折り、際を縫う
バイアス布をやや控える
ゴムテープ通し口
0.5
袖（裏）
袖口バイアス布（表）
2.5

9.

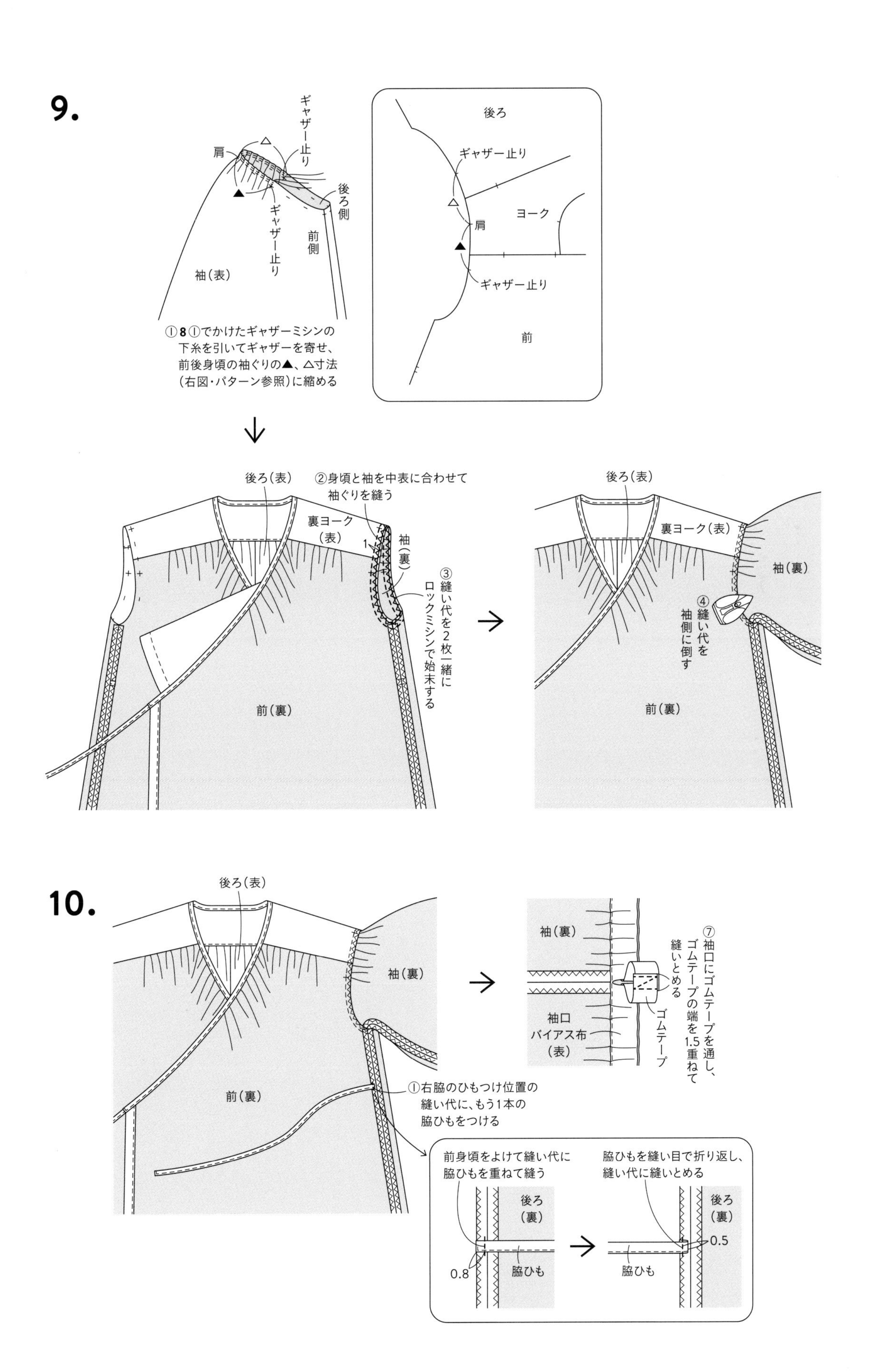

ギャザー止り
肩
後ろ側
ギャザー止り
前側
袖(表)
①8①でかけたギャザーミシンの
下糸を引いてギャザーを寄せ、
前後身頃の袖ぐりの▲、△寸法
(右図・パターン参照)に縮める
後ろ
ギャザー止り
ヨーク
肩
ギャザー止り
前
後ろ(表)
②身頃と袖を中表に合わせて
袖ぐりを縫う
裏ヨーク
(表)
1
袖(裏)
③縫い代を2枚一緒に
ロックミシンで始末する
前(裏)
後ろ(表)
裏ヨーク(表)
袖(裏)
④縫い代を
袖側に倒す
前(裏)
後ろ(表)
袖(裏)
前(裏)
①右脇のひもつけ位置の
縫い代に、もう1本の
脇ひもをつける
袖(裏)
袖口
バイアス布
(表)
縫いとめる
ゴムテープ
⑦袖口にゴムテープを通し、
ゴムテープの端を1.5重ねて
縫いとめる
前身頃をよけて縫い代に
脇ひもを重ねて縫う
後ろ
(裏)
0.8
脇ひも
脇ひもを縫い目で折り返し、
縫い代に縫いとめる
後ろ
(裏)
0.5
脇ひも

10.

E　タック&ギャザーワンピース

>> p.16

F　スタンドカラーワンピース

>> p.18

[出来上り寸法] ＊左からS／M／L／2L

〈**E**〉 バスト＝103／107／111／115cm
　　袖丈＝49／50／51／52cm
　　着丈＝118.3／119.8／121.3／122.8cm

〈**F**〉 バスト＝103／107／111／115cm
　　袖丈＝50.5／51.5／52.5／53.5cm
　　着丈＝113.3／114.8／116.3／117.8cm

[パターン] 2 表、袋布は 2 裏

[材料] ＊左からS／M／L／2L

〈**E**〉 **表布**＝やさしいリネン（CHECK&STRIPE）120cm幅
　　5m30cm／5m30cm／5m40cm／5m50cm

〈**F**〉 **表布**＝やさしいリネン（CHECK&STRIPE）120cm幅
　　5m20cm／5m20cm／5m30cm／5m40cm

共通　**接着芯**＝50×60／60／60／65cm
　　伸び止めテープ＝12mm幅 41cm
　　ボタン＝直径1.5cmを 2 個

[準備] ※裁合せ図も参照

＊前後衿ぐり見返しの裏に接着芯、前スカートのポケット口の縫い代裏に伸び止めテープをはる。
＊前後身頃の肩と脇、袖下の縫い代端をロックミシン、またはジグザグミシンで始末する。

[作り方順序]

1. ひもを 2 本、ループを 1 本作る。〈**F**〉は衿も作る。
2. 身頃、衿ぐり見返しの肩をそれぞれ縫う。
3. 衿ぐりを見返しで縫い返す。ひもとループ、〈**F**〉は衿もはさむ。
4. 身頃の脇を縫う。
5. ポケットを作りながら、前後スカートの脇を縫う。
6. 後ろスカートの後ろ中心を縫う。
7. 前後裾見返しを縫い合わせてスカートの裾を縫い返し、前端を始末する。
8. スカートのウエストにタックをたたみ、ギャザーを寄せる。
9. 身頃とスカートを縫う。
10. 衿ぐりにステッチをかけて、前身頃の右脇にひもを縫いつける。
11. 袖を作る。
12. 袖を縫いつける。
13. ウエストベルトを作り、左前身頃にボタンを縫いつける。

[裁合せ図]

E

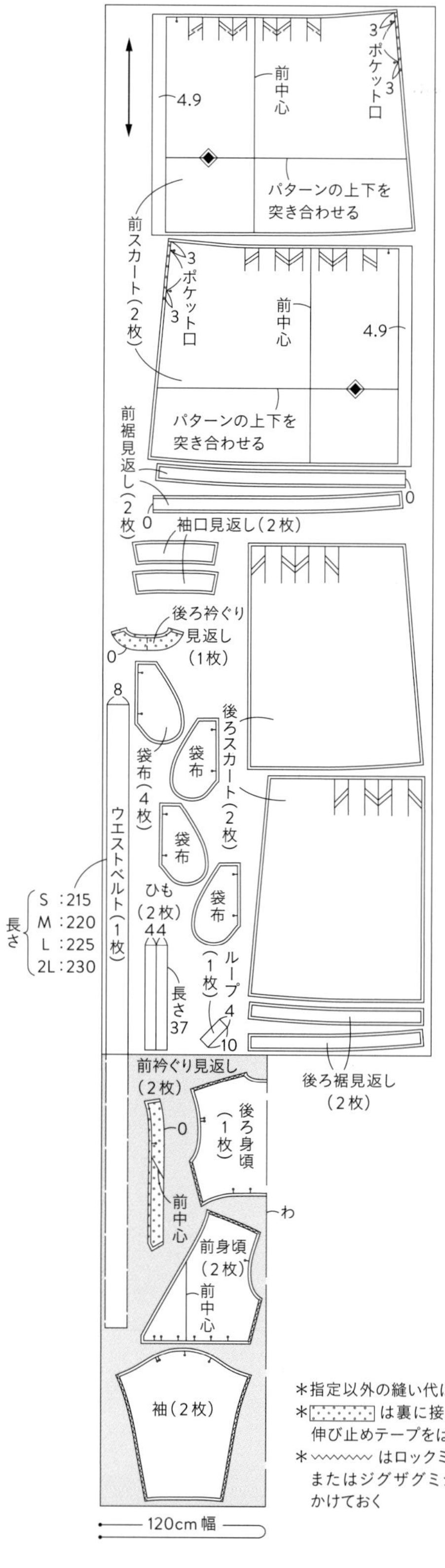

＊指定以外の縫い代は1cm
＊（ドット模様）は裏に接着芯、伸び止めテープをはる
＊（波線）はロックミシン、またはジグザグミシンをかけておく

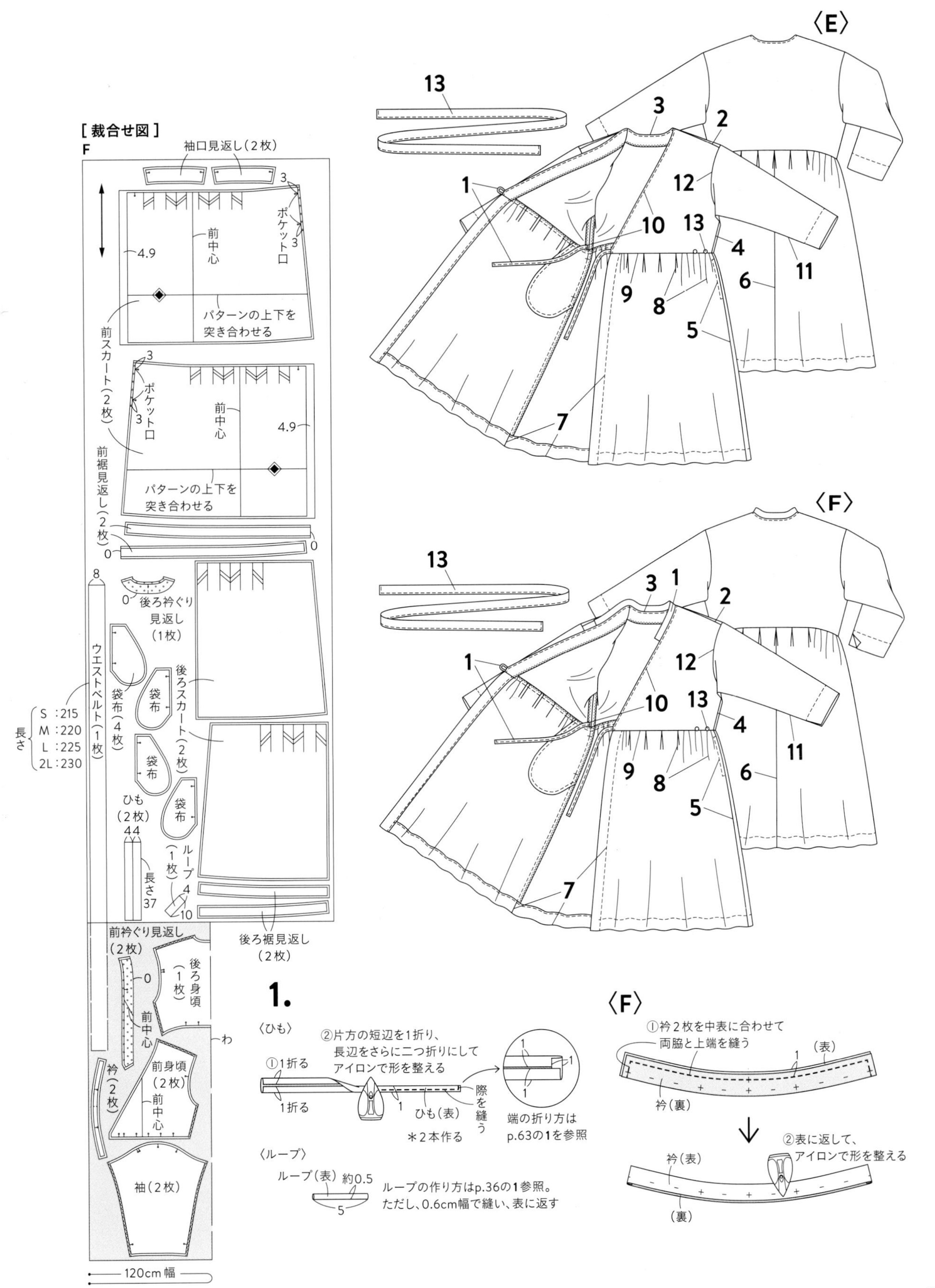

[裁合せ図]
F
袖口見返し(2枚)
ポケット口
前中心
4.9
パターンの上下を突き合わせる
前スカート(2枚)
前裾見返し(2枚)
後ろ衿ぐり見返し(1枚)
ウエストベルト(1枚)
長さ S:215 M:220 L:225 2L:230
袋布(4枚)
袋布
後ろスカート(2枚)
ひも(2枚)
長さ37
ループ(1枚)
後ろ裾見返し(2枚)
前衿ぐり見返し(2枚)
後ろ身頃(1枚)
わ
衿(2枚)
前身頃(2枚)
袖(2枚)
120cm幅
〈E〉
〈F〉
1.
〈ひも〉
①1折る
1折る
②片方の短辺を1折り、長辺をさらに二つ折りにしてアイロンで形を整える
ひも(表)
際を縫う
＊2本作る
端の折り方はp.63の1を参照
〈ループ〉
ループ(表)
約0.5
ループの作り方はp.36の1参照。ただし、0.6cm幅で縫い、表に返す
〈F〉
①衿2枚を中表に合わせて両脇と上端を縫う
(表)
衿(裏)
②表に返して、アイロンで形を整える
衿(表)
(裏)

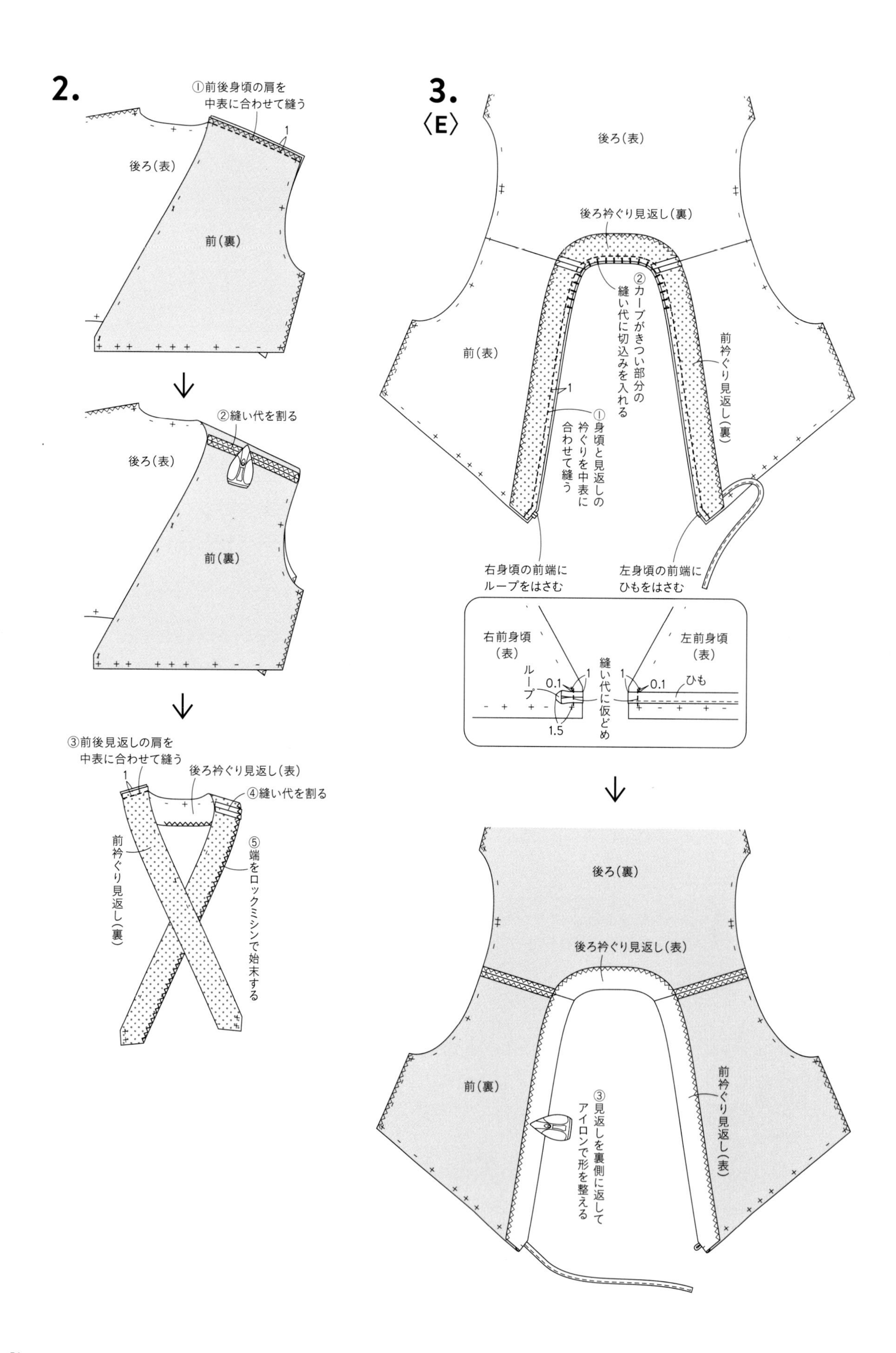
2.
①前後身頃の肩を
中表に合わせて縫う
1
後ろ(表)
前(裏)
②縫い代を割る
後ろ(表)
前(裏)
③前後見返しの肩を
中表に合わせて縫う
1
後ろ衿ぐり見返し(表)
④縫い代を割る
前衿ぐり見返し(裏)
⑤端をロックミシンで始末する
3.
〈E〉
後ろ(表)
後ろ衿ぐり見返し(裏)
②カーブがきつい部分の縫い代に切込みを入れる
前(表)
前衿ぐり見返し(裏)
1
①身頃と見返しの衿ぐりを中表に合わせて縫う
右身頃の前端に
ループをはさむ
左身頃の前端に
ひもをはさむ
右前身頃
(表)
左前身頃
(表)
縫い代に仮どめ
ループ
0.1
1
1.5
1
0.1
ひも
後ろ(裏)
後ろ衿ぐり見返し(表)
前(裏)
前衿ぐり見返し(表)
③見返しを裏側に返して
アイロンで形を整える

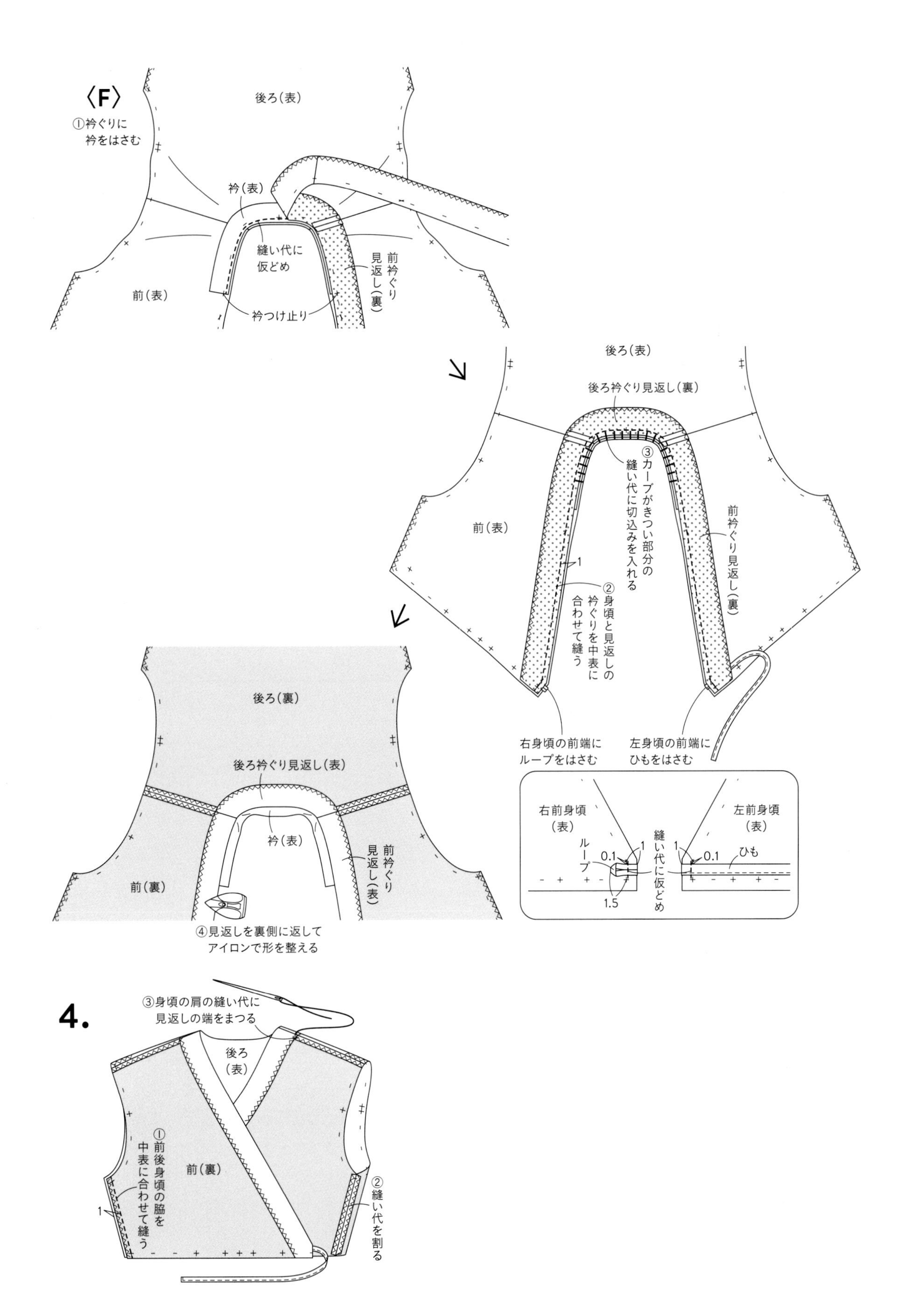
〈F〉
①衿ぐりに
衿をはさむ
後ろ(表)
衿(表)
縫い代に
仮どめ
前衿ぐり
見返し(裏)
前(表)
衿つけ止り
後ろ(表)
後ろ衿ぐり見返し(裏)
③カーブがきつい部分の
縫い代に切込みを入れる
前(表)
前衿ぐり見返し(裏)
1
②身頃と見返しの
衿ぐりを中表に
合わせて縫う
右身頃の前端に
ループをはさむ
左身頃の前端に
ひもをはさむ
右前身頃
(表)
左前身頃
(表)
ループ
0.1
1
縫い代に仮どめ
1
0.1
ひも
1.5
後ろ(裏)
後ろ衿ぐり見返し(表)
衿(表)
前衿ぐり
見返し(表)
前(裏)
④見返しを裏側に返して
アイロンで形を整える
4.
③身頃の肩の縫い代に
見返しの端をまつる
後ろ
(表)
前(裏)
①前後身頃の脇を
中表に合わせて縫う
1
②縫い代を割る

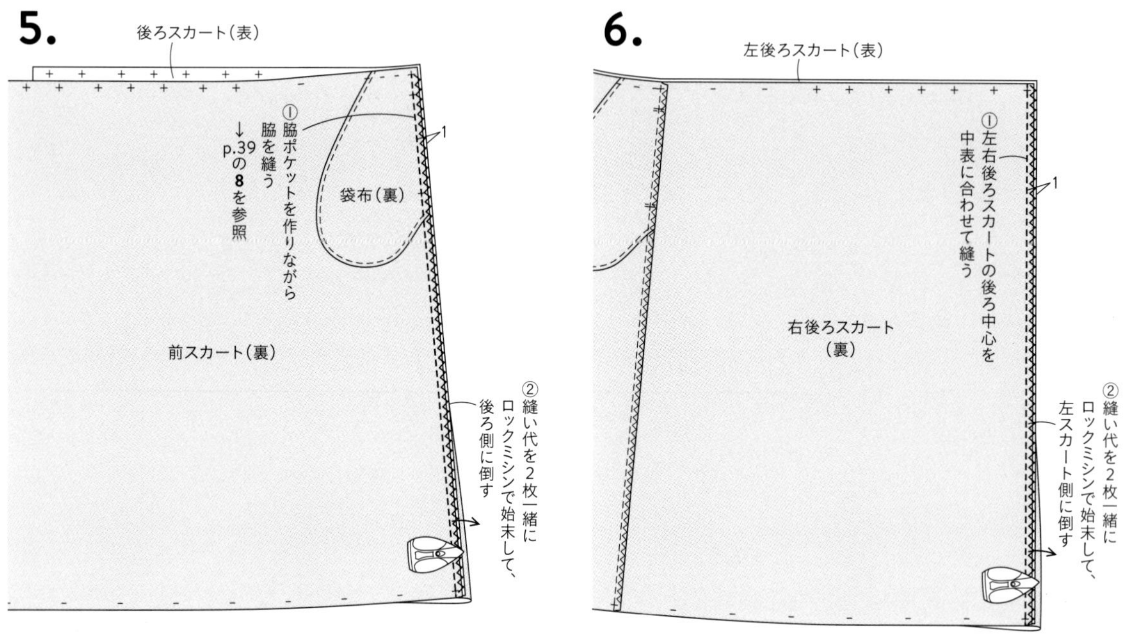
5.
後ろスカート(表)
①脇ポケットを作りながら脇を縫う
↓p.39の8を参照
1
袋布(裏)
前スカート(裏)
②縫い代を2枚一緒にロックミシンで始末して、後ろ側に倒す
6.
左後ろスカート(表)
①左右後ろスカートの後ろ中心を中表に合わせて縫う
1
右後ろスカート(裏)
②縫い代を2枚一緒にロックミシンで始末して、左スカート側に倒す

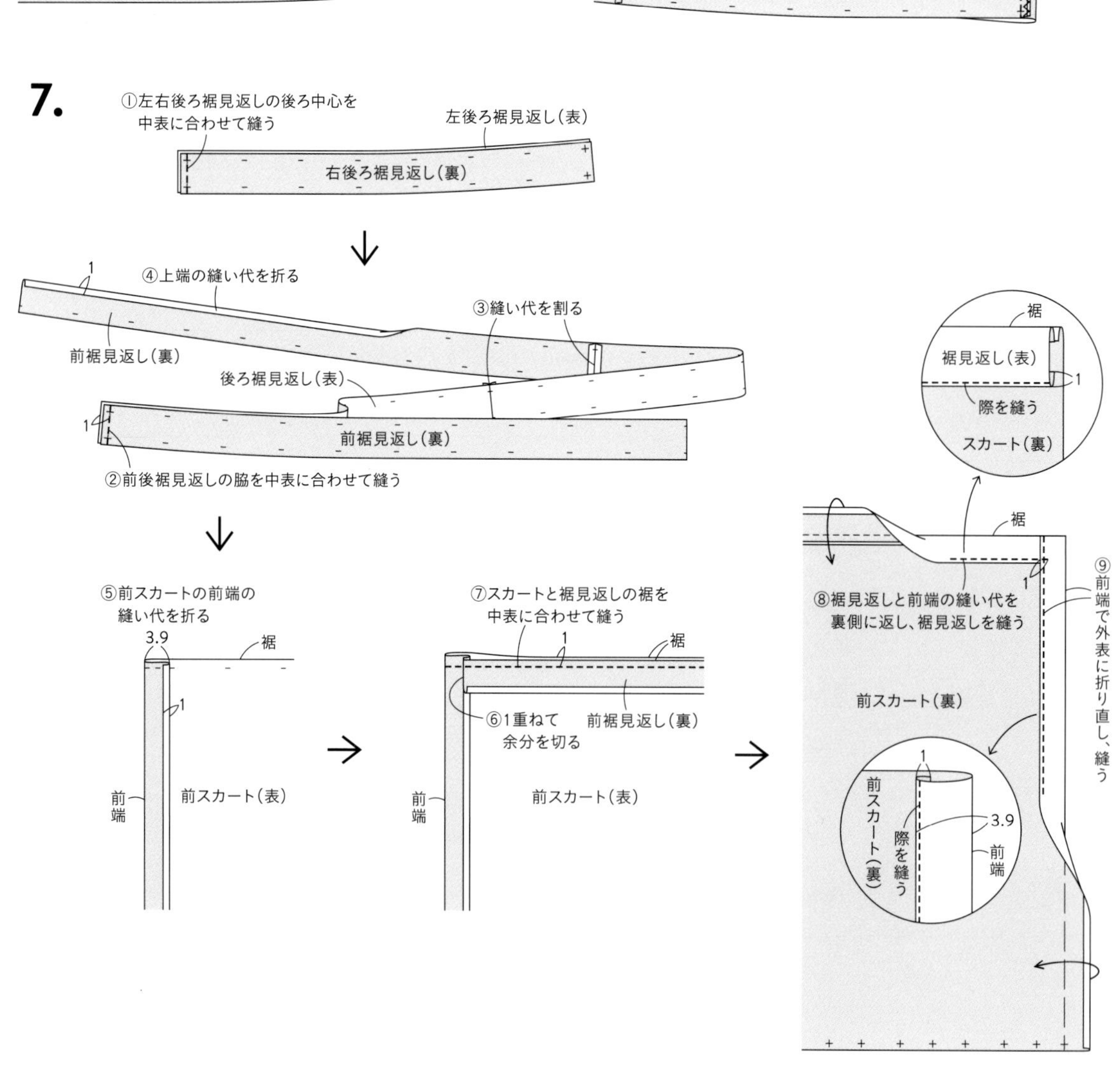
7.
①左右後ろ裾見返しの後ろ中心を中表に合わせて縫う
左後ろ裾見返し(表)
右後ろ裾見返し(裏)
1
④上端の縫い代を折る
③縫い代を割る
前裾見返し(裏)
後ろ裾見返し(表)
1
前裾見返し(裏)
②前後裾見返しの脇を中表に合わせて縫う
⑤前スカートの前端の縫い代を折る
3.9
裾
1
前端
前スカート(表)
⑦スカートと裾見返しの裾を中表に合わせて縫う
1
裾
⑥1重ねて余分を切る
前裾見返し(裏)
前端
前スカート(表)
裾
裾見返し(表)
1
際を縫う
スカート(裏)
裾
1
⑧裾見返しと前端の縫い代を裏側に返し、裾見返しを縫う
⑨前端で外表に折り直し、縫う
前スカート(裏)
1
前スカート(裏)
際を縫う
3.9
前端

8.

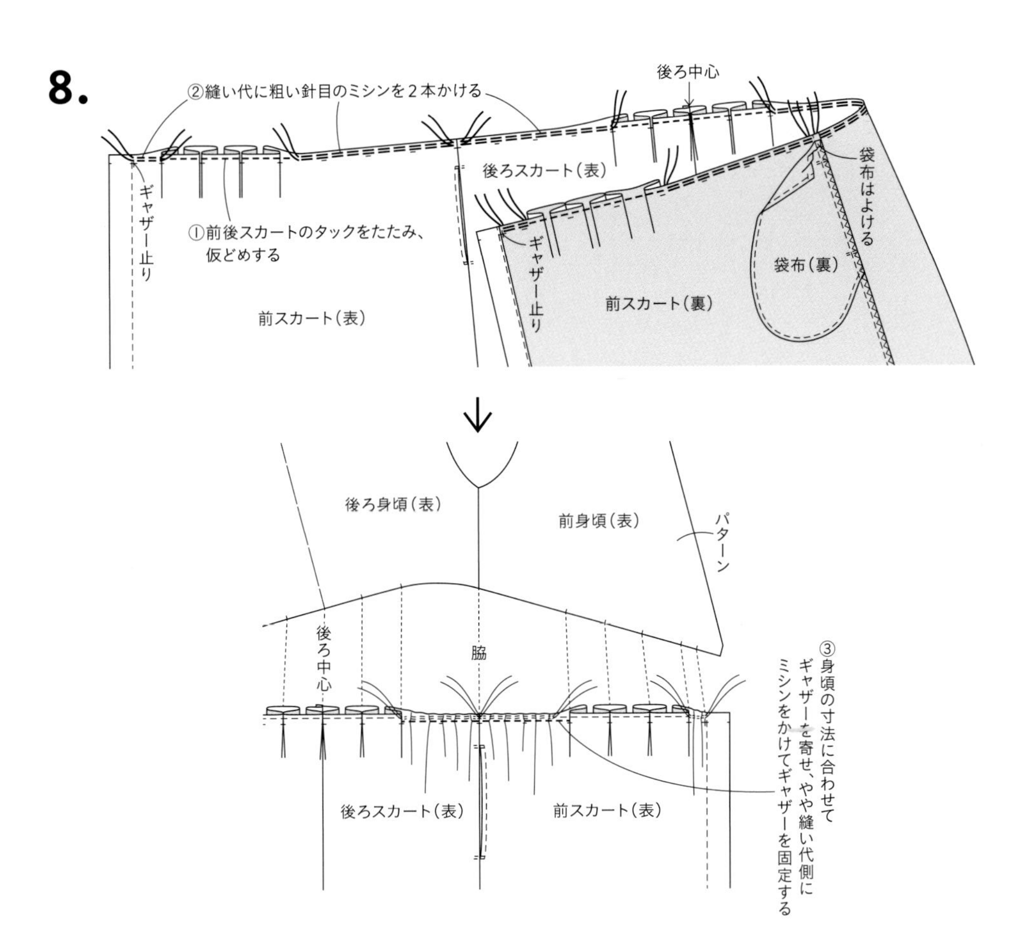

②縫い代に粗い針目のミシンを２本かける
後ろ中心
袋布はよける
後ろスカート（表）
ギャザー止り
①前後スカートのタックをたたみ、仮どめする
ギャザー止り
袋布（裏）
前スカート（裏）
前スカート（表）
後ろ身頃（表）
前身頃（表）
パターン
後ろ中心
脇
③身頃の寸法に合わせてギャザーを寄せ、やや縫い代側にミシンをかけてギャザーを固定する
後ろスカート（表）
前スカート（表）

9.

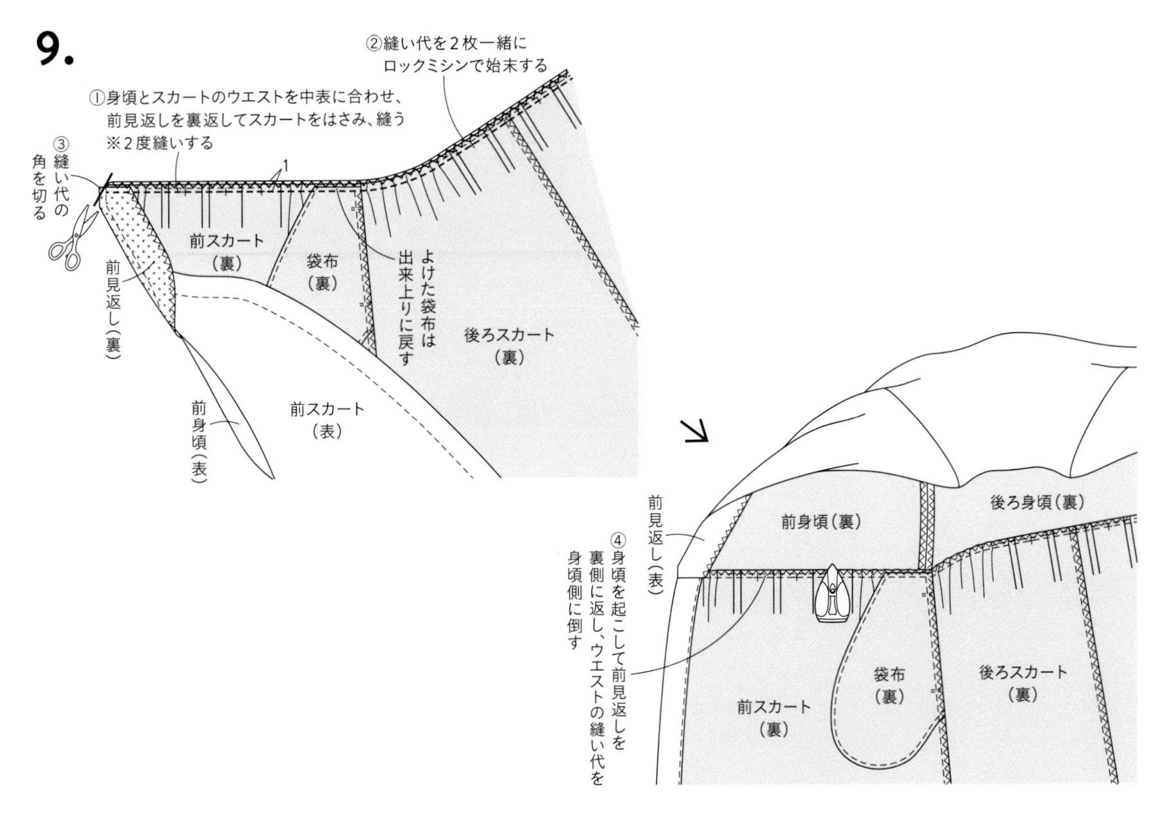

②縫い代を２枚一緒にロックミシンで始末する
①身頃とスカートのウエストを中表に合わせ、前見返しを裏返してスカートをはさみ、縫う
※２度縫いする
③縫い代の角を切る
1
前スカート（裏）
袋布（裏）
よけた袋布は出来上りに戻す
前見返し（裏）
後ろスカート（裏）
前スカート（表）
前身頃（表）
前見返し（表）
④身頃を起こして前見返しを裏側に返し、ウエストの縫い代を身頃側に倒す
前身頃（裏）
後ろ身頃（裏）
袋布（裏）
後ろスカート（裏）
前スカート（裏）

10.

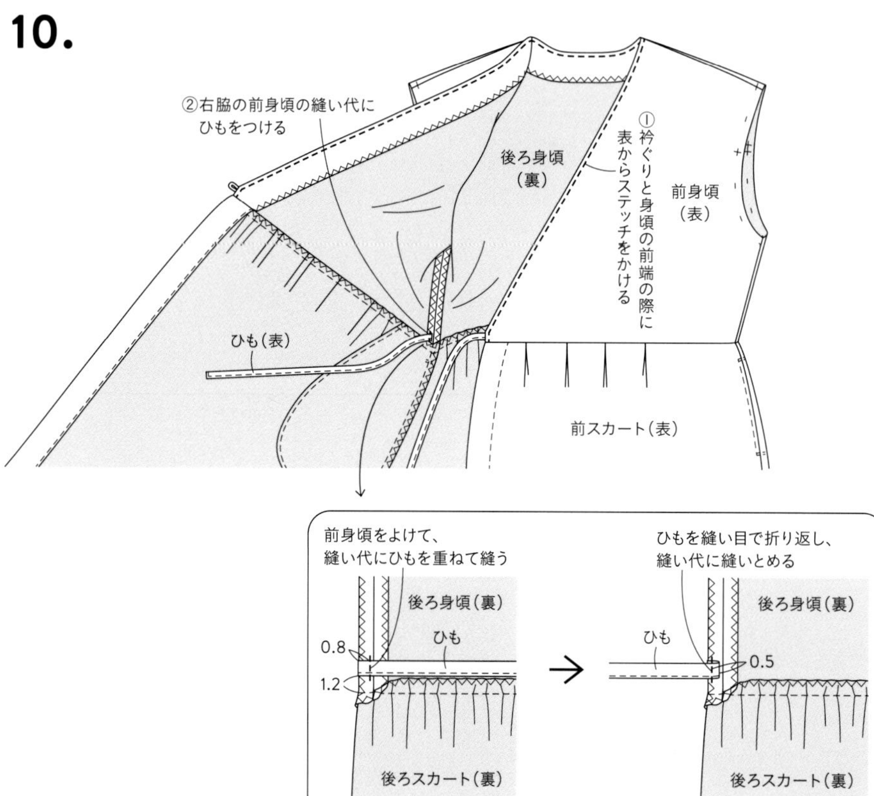
②右脇の前身頃の縫い代に
ひもをつける
①衿ぐりと身頃の前端の際に
表からステッチをかける
後ろ身頃
(裏)
前身頃
(表)
ひも(表)
前スカート(表)
前身頃をよけて、
縫い代にひもを重ねて縫う
後ろ身頃(裏)
ひも
0.8
1.2
後ろスカート(裏)
ひもを縫い目で折り返し、
縫い代に縫いとめる
後ろ身頃(裏)
ひも
0.5
後ろスカート(裏)

11.

〈E〉

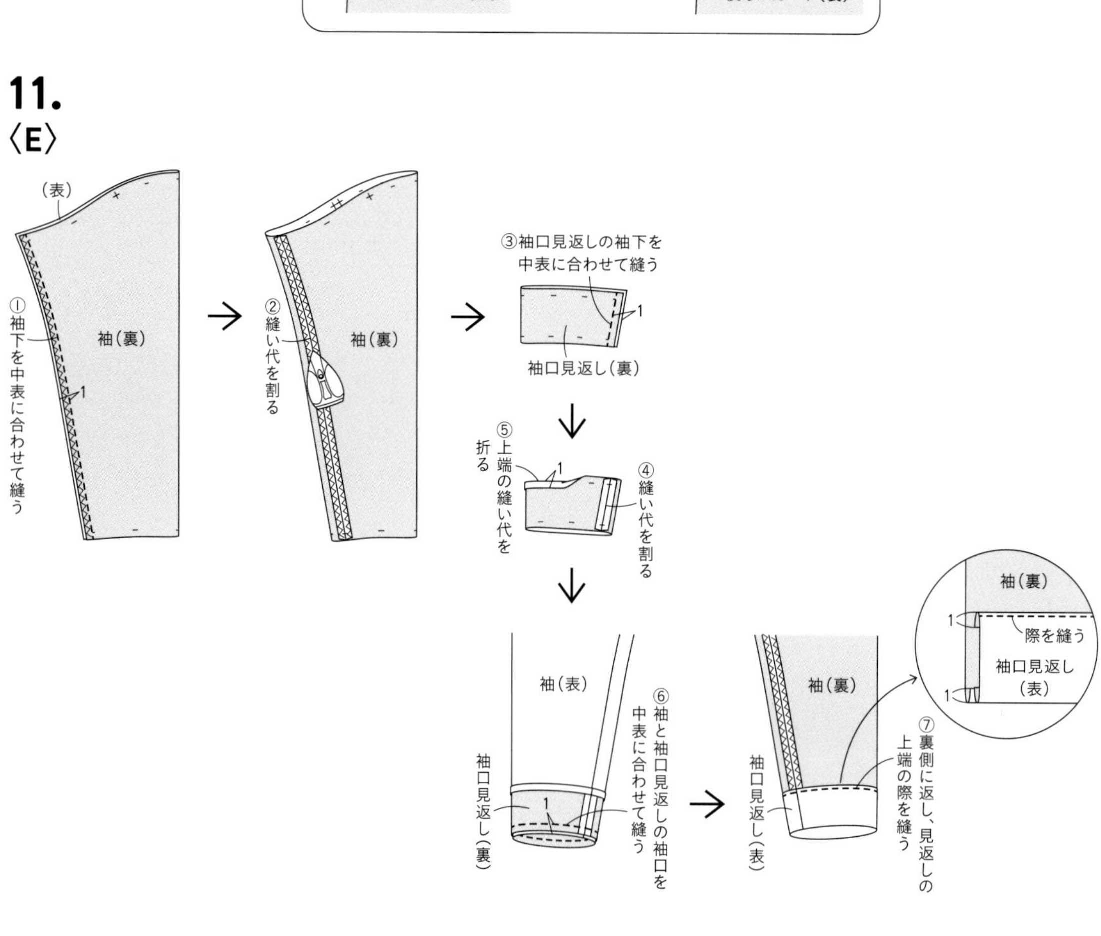
(表)
①袖下を中表に合わせて縫う
袖(裏)
1
②縫い代を割る
袖(裏)
③袖口見返しの袖下を
中表に合わせて縫う
1
袖口見返し(裏)
⑤上端の縫い代を折る
1
④縫い代を割る
袖(表)
⑥袖と袖口見返しの袖口を中表に合わせて縫う
袖口見返し(裏)
1
袖(裏)
袖口見返し(表)
⑦裏側に返し、見返しの上端の際を縫う
袖(裏)
1
際を縫う
袖口見返し
(表)
1

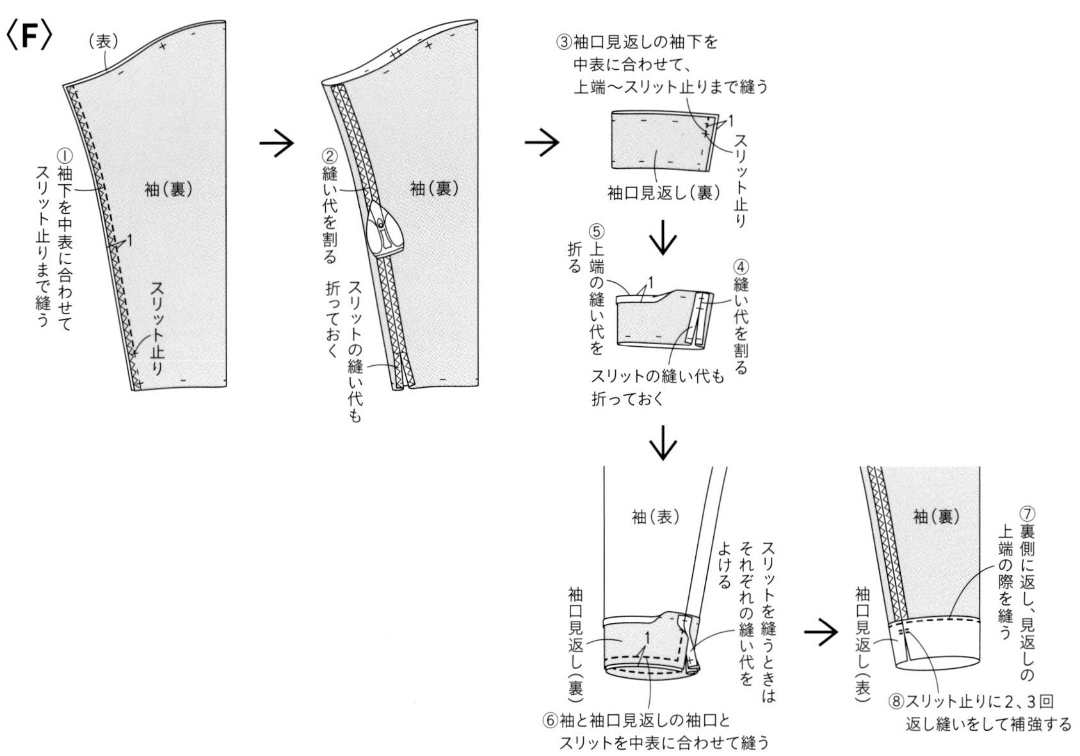
〈F〉
(表)
①袖下を中表に合わせてスリット止りまで縫う
袖(裏)
1
スリット止り
②縫い代を割る
スリットの縫い代も折っておく
袖(裏)
③袖口見返しの袖下を中表に合わせて、上端〜スリット止りまで縫う
1
スリット止り
袖口見返し(裏)
⑤上端の縫い代を折る
1
④縫い代を割る
スリットの縫い代も折っておく
袖(表)
袖口見返し(裏)
1
スリットを縫うときはそれぞれの縫い代をよける
⑥袖と袖口見返しの袖口とスリットを中表に合わせて縫う
袖(裏)
袖口見返し(表)
⑦裏側に返し、見返しの上端の際を縫う
⑧スリット止りに2、3回返し縫いをして補強する

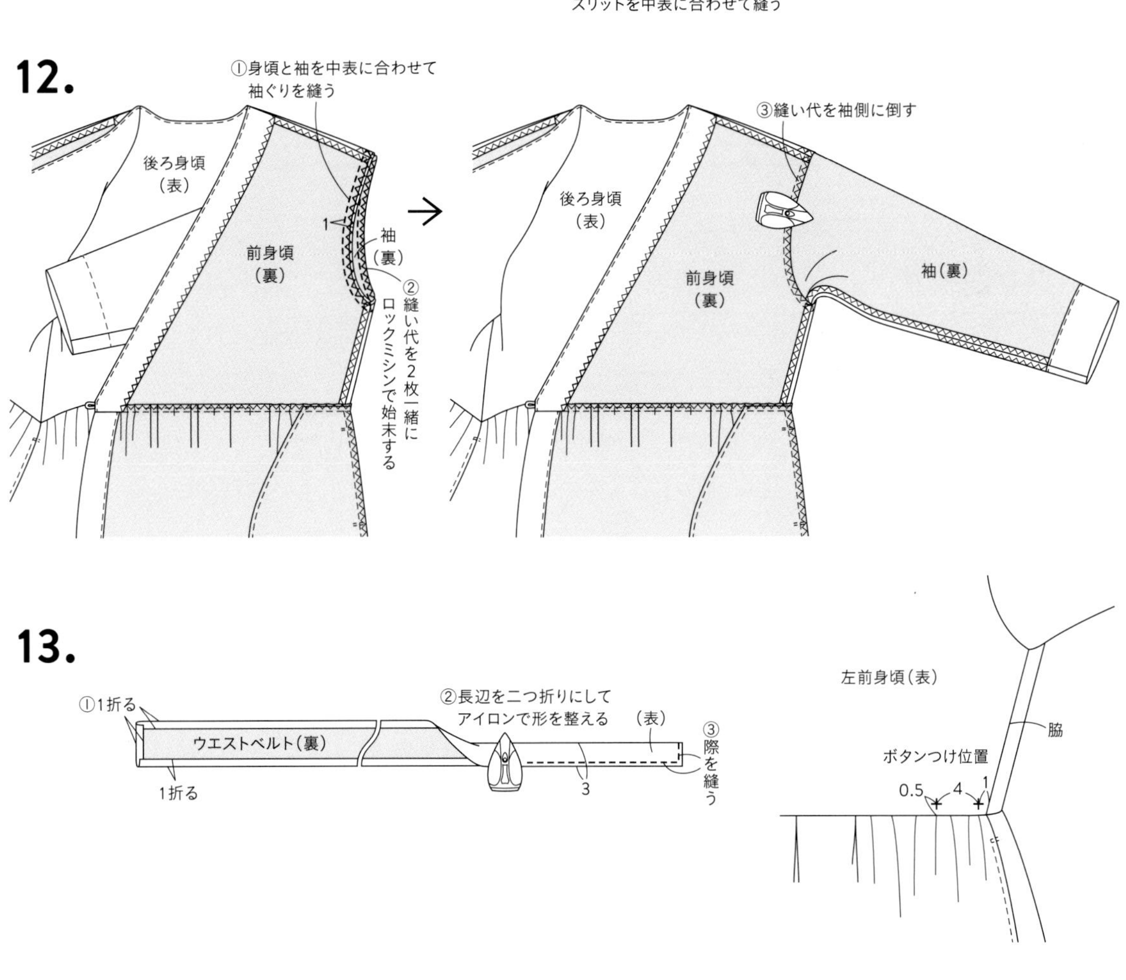
12.
①身頃と袖を中表に合わせて袖ぐりを縫う
後ろ身頃(表)
前身頃(裏)
1
袖(裏)
②縫い代を2枚一緒にロックミシンで始末する
③縫い代を袖側に倒す
後ろ身頃(表)
前身頃(裏)
袖(裏)
13.
①1折る
ウエストベルト(裏)
1折る
②長辺を二つ折りにしてアイロンで形を整える
(表)
3
③際を縫う
左前身頃(表)
脇
ボタンつけ位置
0.5
4
1

G ギャザースリーブワンピース

» p.20

[出来上り寸法] ＊左からS／M／L&2L

バスト＝126／132／138cm
袖丈＝52／53／54cm
着丈＝115／116.5／118cm

[パターン] 2表

[材料] ＊左からS／M／L&2L

表布＝コットンリネン レジェール（CHECK&STRIPE）105cm幅
5m30cm／5m30cm／5m40cm
ゴムテープ＝2cm幅 21／22／23cmを2本

[準備] ※裁合せ図も参照

＊前後身頃の肩と脇、袖下の縫い代端をロックミシン、またはジグザグミシンで始末する。

[作り方順序]

1. 脇ひもを2本作る。
2. 前端を始末して、裾を出来上りに折る。
3. 前後身頃の衿ぐりにギャザーを寄せる。
4. 肩を縫う。
5. 衿ぐりを衿ぐりバイアス布でくるみながら、ひも通しを作る。
6. 袖山にギャザー寄せて、身頃に縫いつける。
7. 左脇に脇ひもをはさんで袖下〜脇を縫い、右脇に脇ひもを縫いつける。
8. 袖口を袖口バイアス布で縫い返し、ゴムテープを通す。
9. 裾を始末する。
10. 衿ぐりひもを作り、衿ぐりに通す。

[裁合せ図]

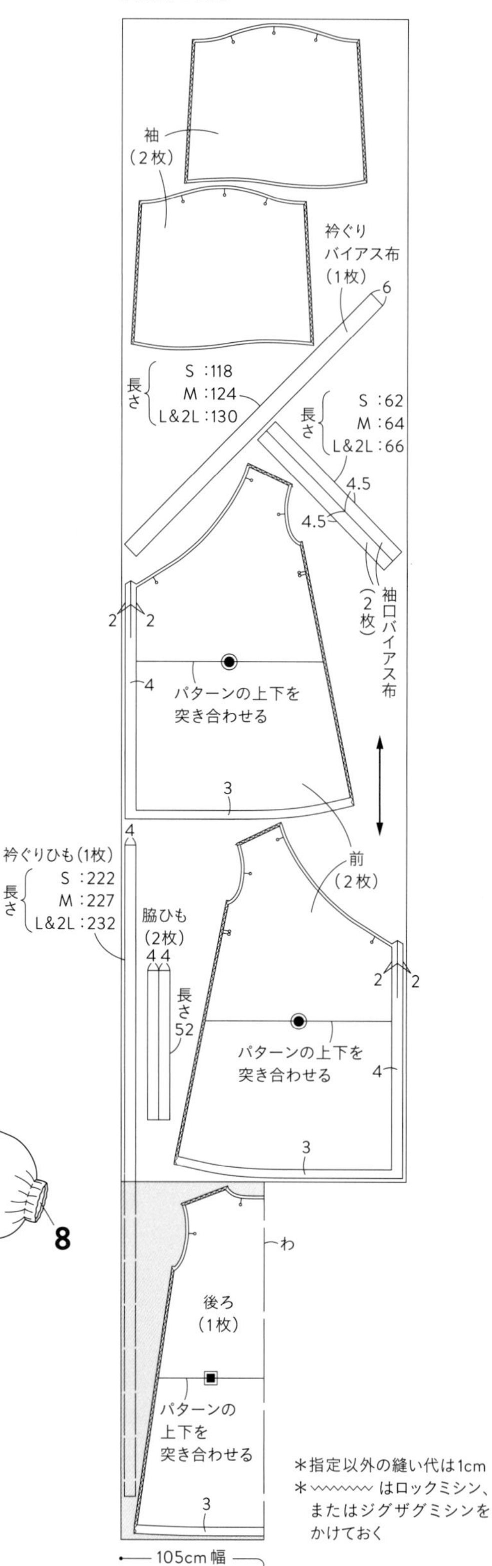

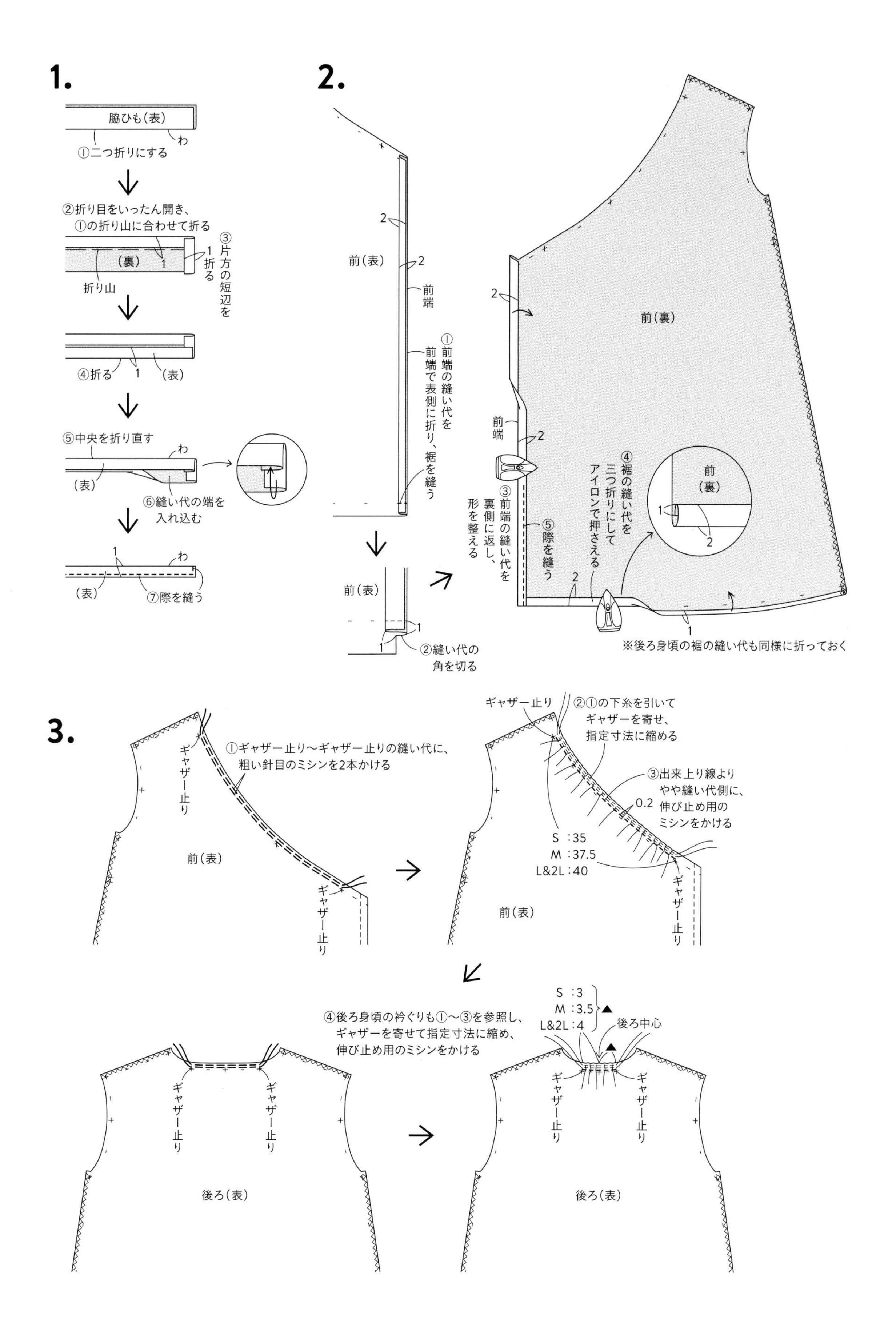
1.
脇ひも(表)
わ
①二つ折りにする
②折り目をいったん開き、
①の折り山に合わせて折る
(裏)
1
③片方の短辺を1折る
折り山
④折る
1
(表)
⑤中央を折り直す
わ
(表)
⑥縫い代の端を入れ込む
1
わ
(表)
⑦際を縫う
2.
2
前(表)
2
前端
①前端の縫い代を前端で表側に折り、裾を縫う
前(表)
1
1
②縫い代の角を切る
2
前(裏)
前端
2
③前端の縫い代を裏側に返し、形を整える
⑤際を縫う
2
④裾の縫い代を三つ折りにしてアイロンで押さえる
前
(裏)
1
2
1
※後ろ身頃の裾の縫い代も同様に折っておく
3.
ギャザー止り
①ギャザー止り～ギャザー止りの縫い代に、粗い針目のミシンを2本かける
前(表)
ギャザー止り
ギャザー止り
②①の下糸を引いてギャザーを寄せ、指定寸法に縮める
③出来上り線よりやや縫い代側に、伸び止め用のミシンをかける
0.2
S :35
M :37.5
L&2L :40
前(表)
ギャザー止り
④後ろ身頃の衿ぐりも①～③を参照し、ギャザーを寄せて指定寸法に縮め、伸び止め用のミシンをかける
ギャザー止り
ギャザー止り
後ろ(表)
S :3
M :3.5
L&2L :4
▲
後ろ中心
▲
ギャザー止り
ギャザー止り
後ろ(表)

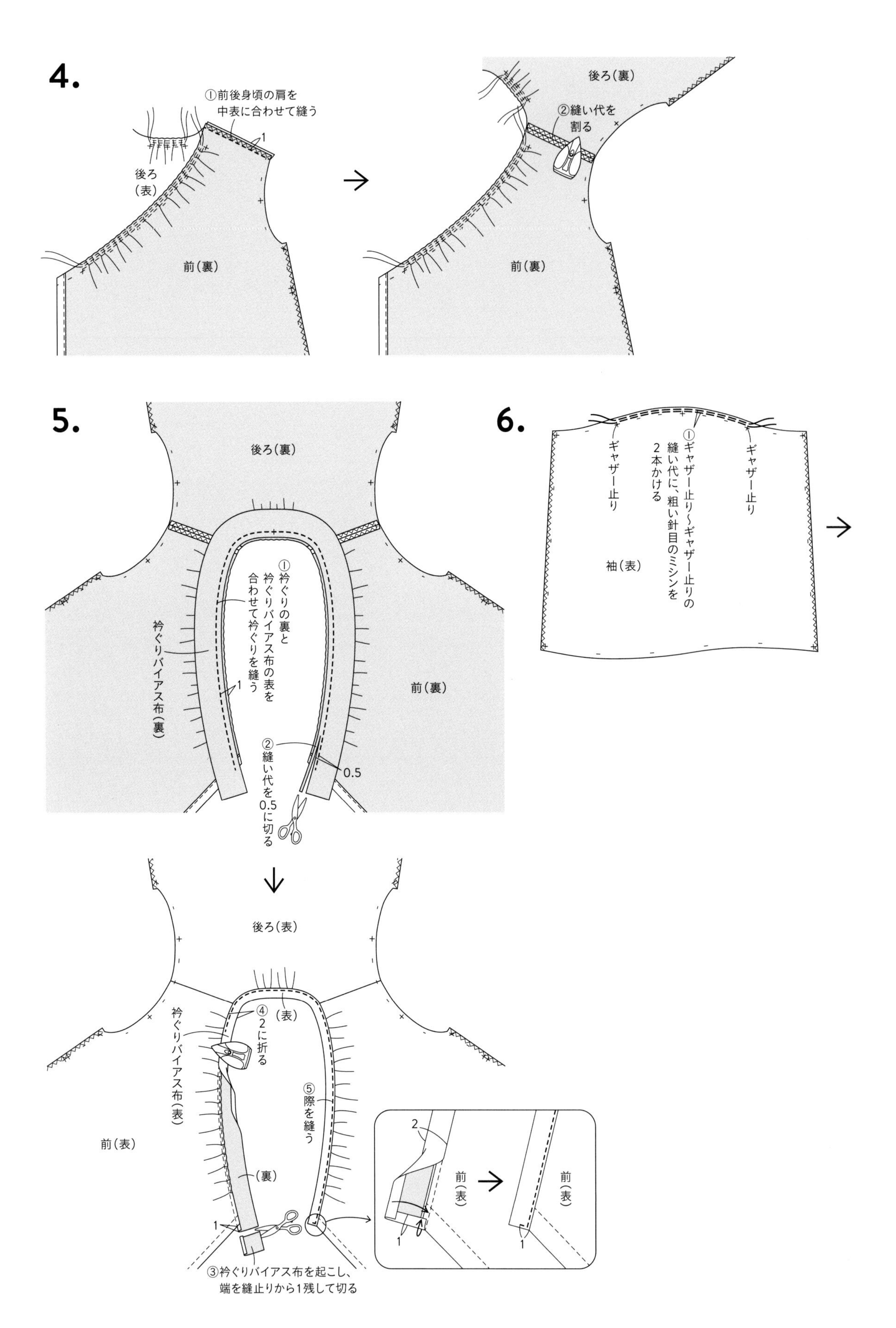
4.
①前後身頃の肩を
中表に合わせて縫う
1
後ろ
(表)
前(裏)
後ろ(裏)
②縫い代を
割る
前(裏)
5.
後ろ(裏)
①衿ぐりの裏と
衿ぐりバイアス布の表を
合わせて衿ぐりを縫う
衿ぐりバイアス布(裏)
1
前(裏)
②縫い代を0.5に切る
0.5
6.
①ギャザー止り～ギャザー止りの
縫い代に、粗い針目のミシンを
2本かける
ギャザー止り
ギャザー止り
袖(表)
後ろ(表)
④2に折る
(表)
衿ぐりバイアス布(表)
⑤際を縫う
前(表)
(裏)
1
③衿ぐりバイアス布を起こし、
端を縫止りから1残して切る
2
前(表)
1
前(表)
1

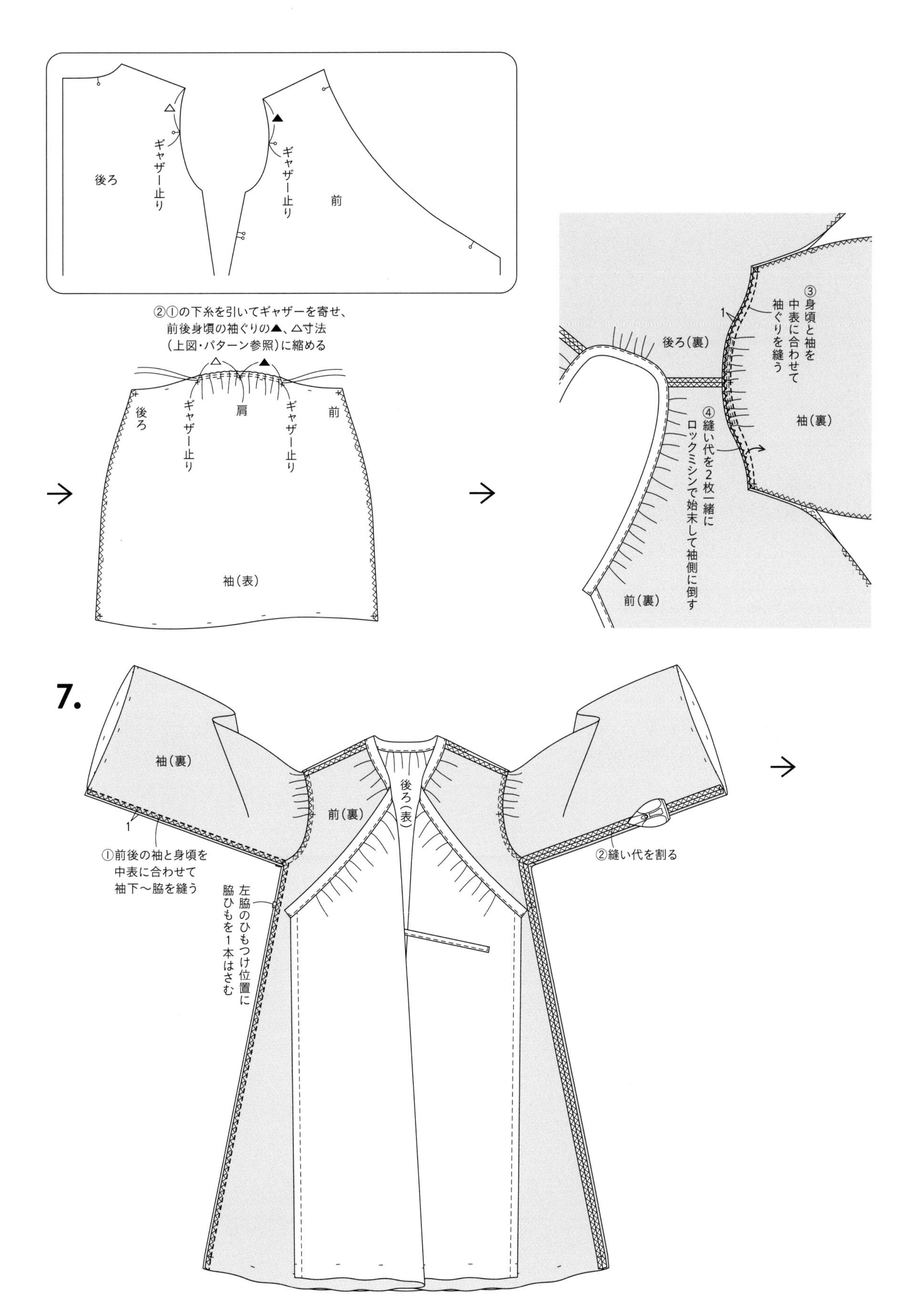

後ろ
ギャザー止り
ギャザー止り
前
②①の下糸を引いてギャザーを寄せ、
前後身頃の袖ぐりの▲、△寸法
(上図・パターン参照)に縮める
△
▲
後ろ
ギャザー止り
肩
ギャザー止り
前
袖(表)
後ろ(裏)
1
③身頃と袖を
中表に合わせて
袖ぐりを縫う
袖(裏)
④縫い代を2枚一緒に
ロックミシンで始末して袖側に倒す
前(裏)
7.
袖(裏)
1
前(裏)
後ろ(表)
①前後の袖と身頃を
中表に合わせて
袖下〜脇を縫う
左脇のひもつけ位置に
脇ひもを1本はさむ
②縫い代を割る

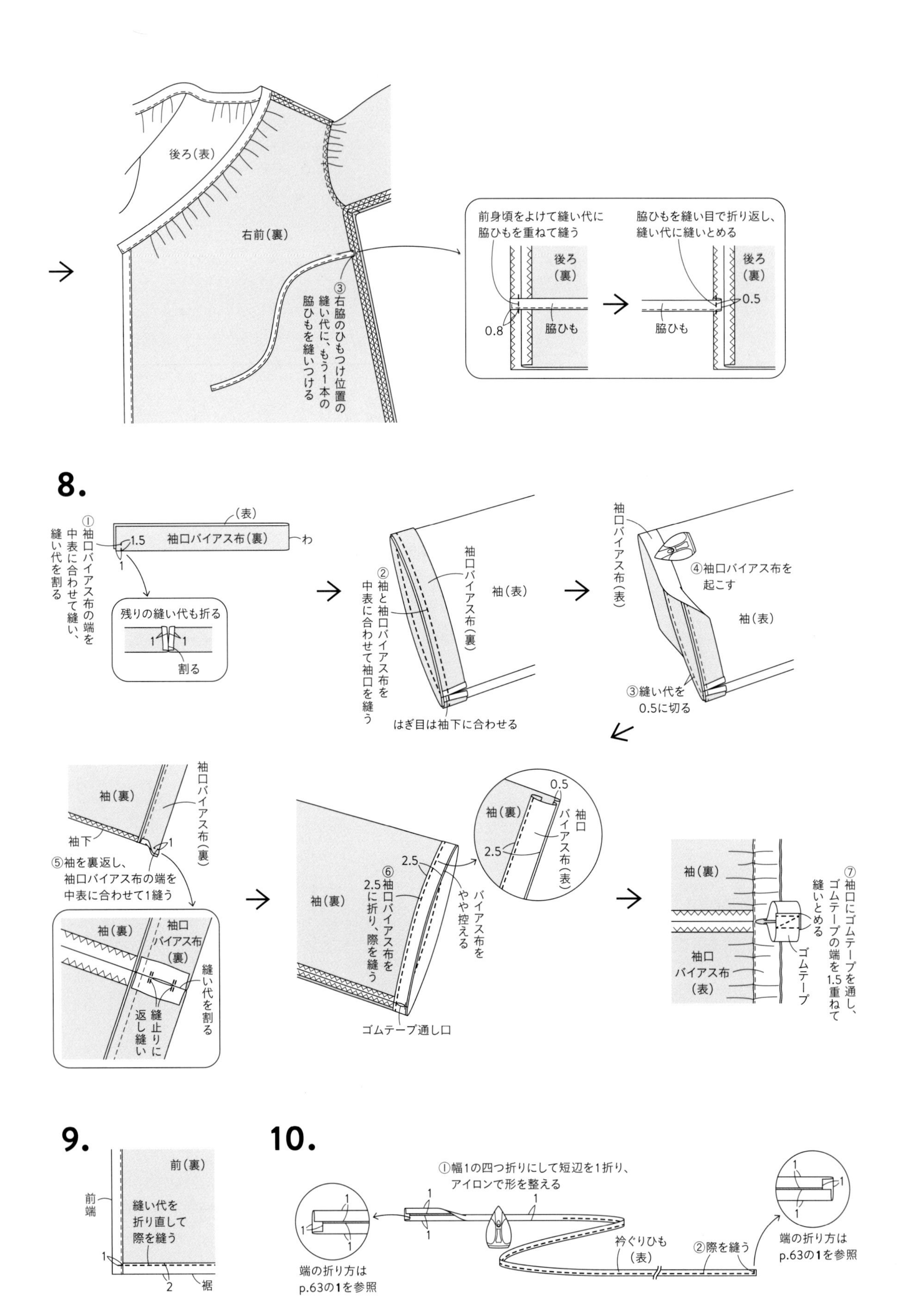

後ろ(表)
右前(裏)
③右脇のひもつけ位置の縫い代に、もう1本の脇ひもを縫いつける
前身頃をよけて縫い代に脇ひもを重ねて縫う
後ろ(裏)
0.8
脇ひも
脇ひもを縫い目で折り返し、縫い代に縫いとめる
後ろ(裏)
0.5
脇ひも
8.
①袖口バイアス布の端を中表に合わせて縫い、縫い代を割る
(表)
1.5
袖口バイアス布(裏)
わ
1
残りの縫い代も折る
1
1
割る
②袖と袖口バイアス布を中表に合わせて袖口を縫う
袖口バイアス布(裏)
袖(表)
はぎ目は袖下に合わせる
袖口バイアス布(表)
④袖口バイアス布を起こす
袖(表)
③縫い代を0.5に切る
袖(裏)
袖口バイアス布(裏)
袖下
1
⑤袖を裏返し、袖口バイアス布の端を中表に合わせて1縫う
袖(裏)
袖口バイアス布(裏)
縫い代を割る
縫止りに返し縫い
袖(裏)
2.5
⑥袖口バイアス布を2.5に折り、際を縫う
バイアス布をやや控える
ゴムテープ通し口
0.5
袖(裏)
袖口バイアス布(表)
2.5
袖(裏)
袖口バイアス布(表)
ゴムテープ
⑦袖口にゴムテープを通し、ゴムテープの端を1.5重ねて縫いとめる
9.
前(裏)
前端
縫い代を折り直して際を縫う
1
2
裾
10.
①幅1の四つ折りにして短辺を1折り、アイロンで形を整える
1
1
1
1
1
1
端の折り方はp.63の1を参照
衿ぐりひも(表)
②際を縫う
1
1
1
端の折り方はp.63の1を参照

H サイドポケットワンピース

» p.24

[出来上り寸法] ＊左からS／M／L／2L
バスト＝101／105／109／113cm
袖丈＝48／49／50／51cm
着丈＝115.5／117／118.5／120cm

[パターン] 2 裏

[材料] ＊左からS／M／L／2L
表布＝ナチュラルコットンHOLIDAY（CHECK&STRIPE）110cm幅
5m30cm／5m30cm／5m40cm／5m50cm

[準備] ※裁合せ図も参照
＊前後身頃の肩と脇、袖下の縫い代端をロックミシン、またはジグザグミシンで始末する。

[作り方順序]

1. 脇ひもを２本、前ひもを６本作る。
2. 身頃、見返しの肩をそれぞれ縫う。
3. 左前端に脇ひもをはさんで、前端〜衿ぐりを見返しで縫い返す。
4. 身頃の脇を縫う。
5. 脇スカートに袋布をつけてポケットを作る。
6. 前スカート、脇スカート、後ろスカートの切替え線を縫う。
7. スカートの裾、前端を始末して、ギャザーミシンをかける。
8. 身頃とスカートを縫い、前端〜衿ぐりにステッチをかける。
9. 前身頃に前ひも、右脇に脇ひもを縫いつける。
10. 袖を作り、縫いつける。

[裁合せ図]

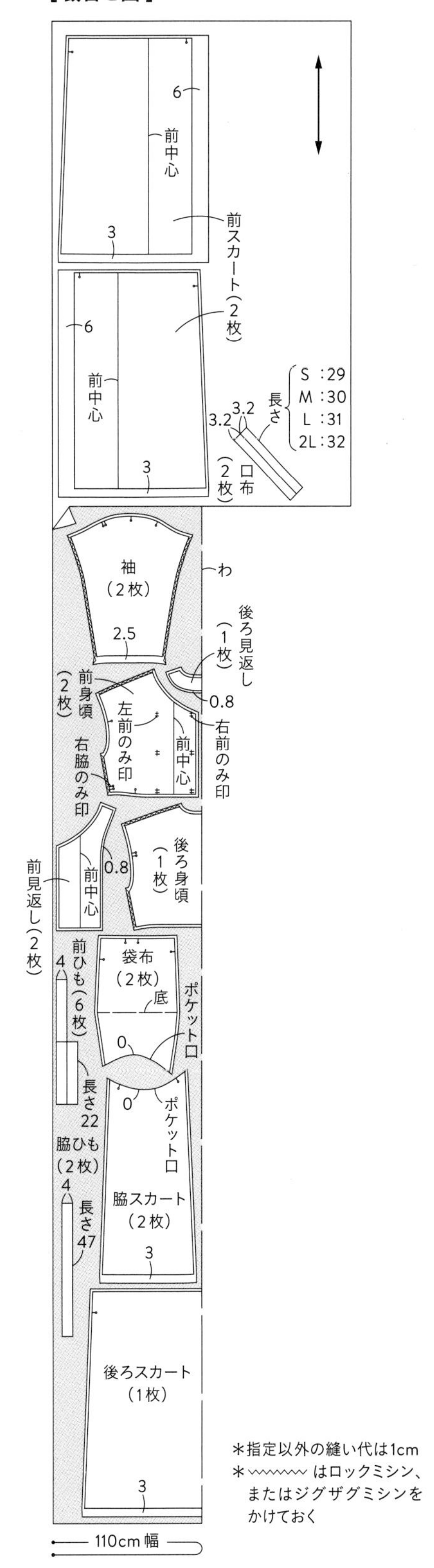

1 2 3 4 5 6 7 8 9 10

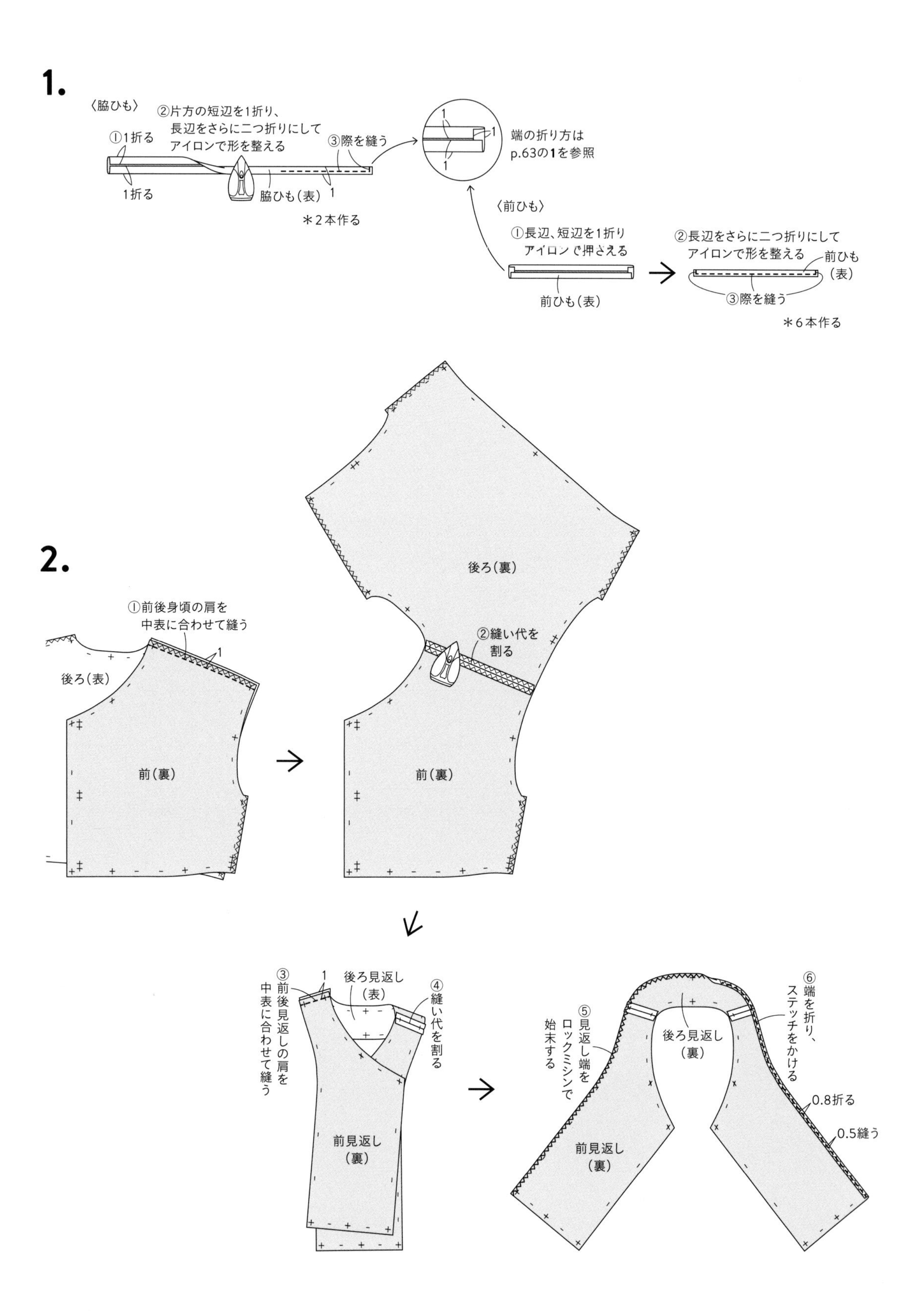
1.
〈脇ひも〉
①1折る
②片方の短辺を1折り、
長辺をさらに二つ折りにして
アイロンで形を整える
③際を縫う
1折る
脇ひも(表)
1
＊2本作る
1
1
1
端の折り方は
p.63の1を参照
〈前ひも〉
①長辺、短辺を1折り
アイロンで押さえる
前ひも(表)
②長辺をさらに二つ折りにして
アイロンで形を整える
前ひも
(表)
③際を縫う
＊6本作る
2.
①前後身頃の肩を
中表に合わせて縫う
1
後ろ(表)
前(裏)
後ろ(裏)
②縫い代を
割る
前(裏)
③前後見返しの肩を
中表に合わせて縫う
1
後ろ見返し
(表)
④縫い代を割る
前見返し
(裏)
⑤見返し端を
ロックミシンで
始末する
後ろ見返し
(裏)
⑥端を折り、
ステッチをかける
0.8折る
0.5縫う
前見返し
(裏)

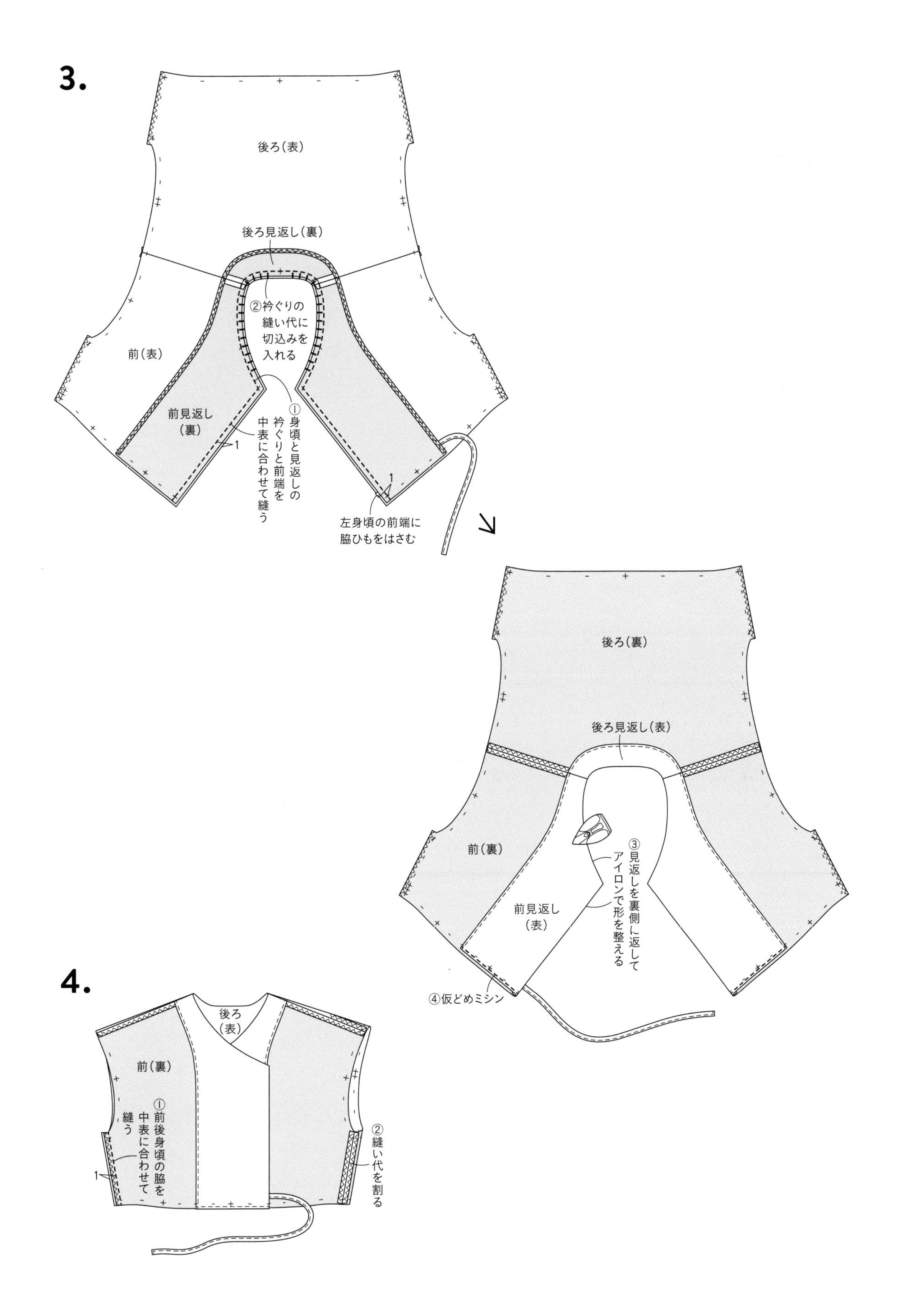
3.
後ろ（表）
後ろ見返し（裏）
②衿ぐりの縫い代に切込みを入れる
前（表）
前見返し（裏）
1
①身頃と見返しの衿ぐりと前端を中表に合わせて縫う
1
左身頃の前端に脇ひもをはさむ
後ろ（裏）
後ろ見返し（表）
前（裏）
③見返しを裏側に返してアイロンで形を整える
前見返し（表）
④仮どめミシン
4.
後ろ（表）
前（裏）
①前後身頃の脇を中表に合わせて縫う
1
②縫い代を割る

5.

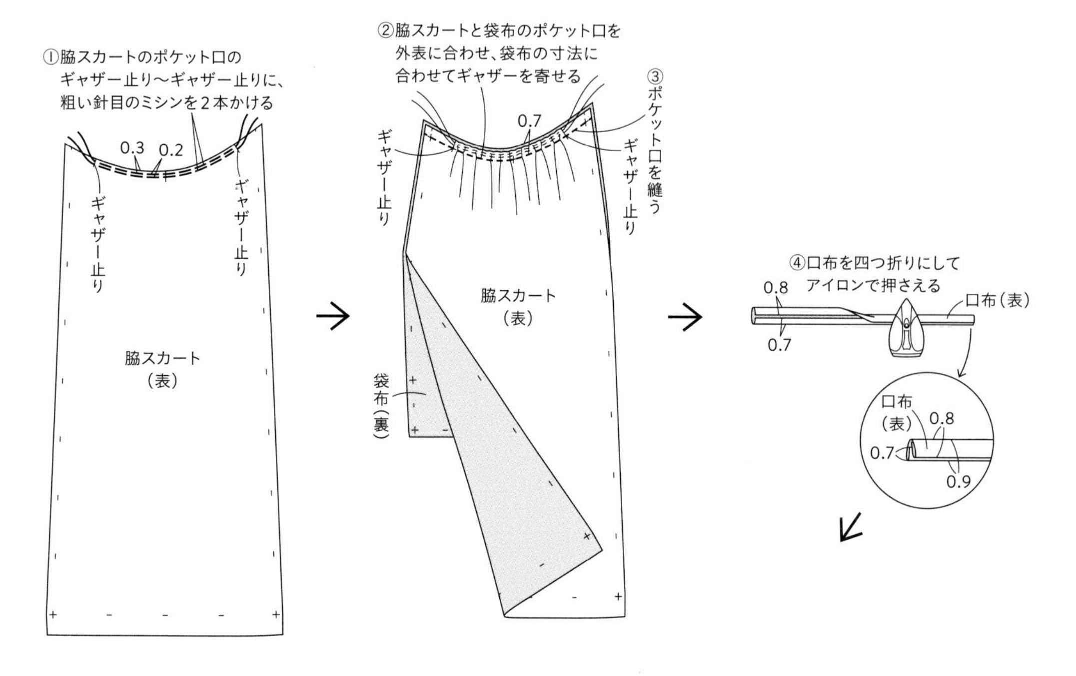
①脇スカートのポケット口の
ギャザー止り〜ギャザー止りに、
粗い針目のミシンを２本かける
0.3
0.2
ギャザー止り
ギャザー止り
脇スカート
（表）
②脇スカートと袋布のポケット口を
外表に合わせ、袋布の寸法に
合わせてギャザーを寄せる
③ポケット口を縫う
0.7
ギャザー止り
ギャザー止り
脇スカート
（表）
袋布（裏）
④口布を四つ折りにして
アイロンで押さえる
0.8
0.7
口布（表）
口布
（表）
0.8
0.7
0.9

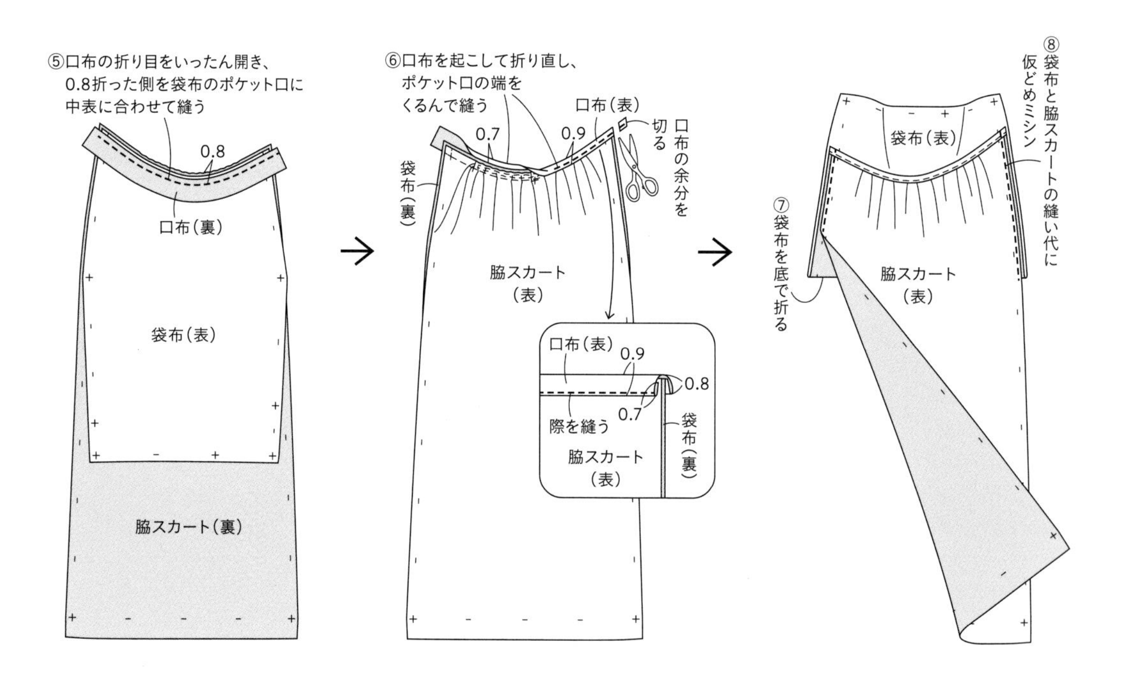
⑤口布の折り目をいったん開き、
0.8折った側を袋布のポケット口に
中表に合わせて縫う
0.8
口布（裏）
袋布（表）
脇スカート（裏）
⑥口布を起こして折り直し、
ポケット口の端を
くるんで縫う
口布（表）
0.7
0.9
切る
口布の余分を
袋布（裏）
脇スカート
（表）
口布（表）
0.9
0.8
0.7
際を縫う
袋布（裏）
脇スカート
（表）
⑧袋布と脇スカートの縫い代に
仮どめミシン
袋布（表）
⑦袋布を底で折る
脇スカート
（表）

6.

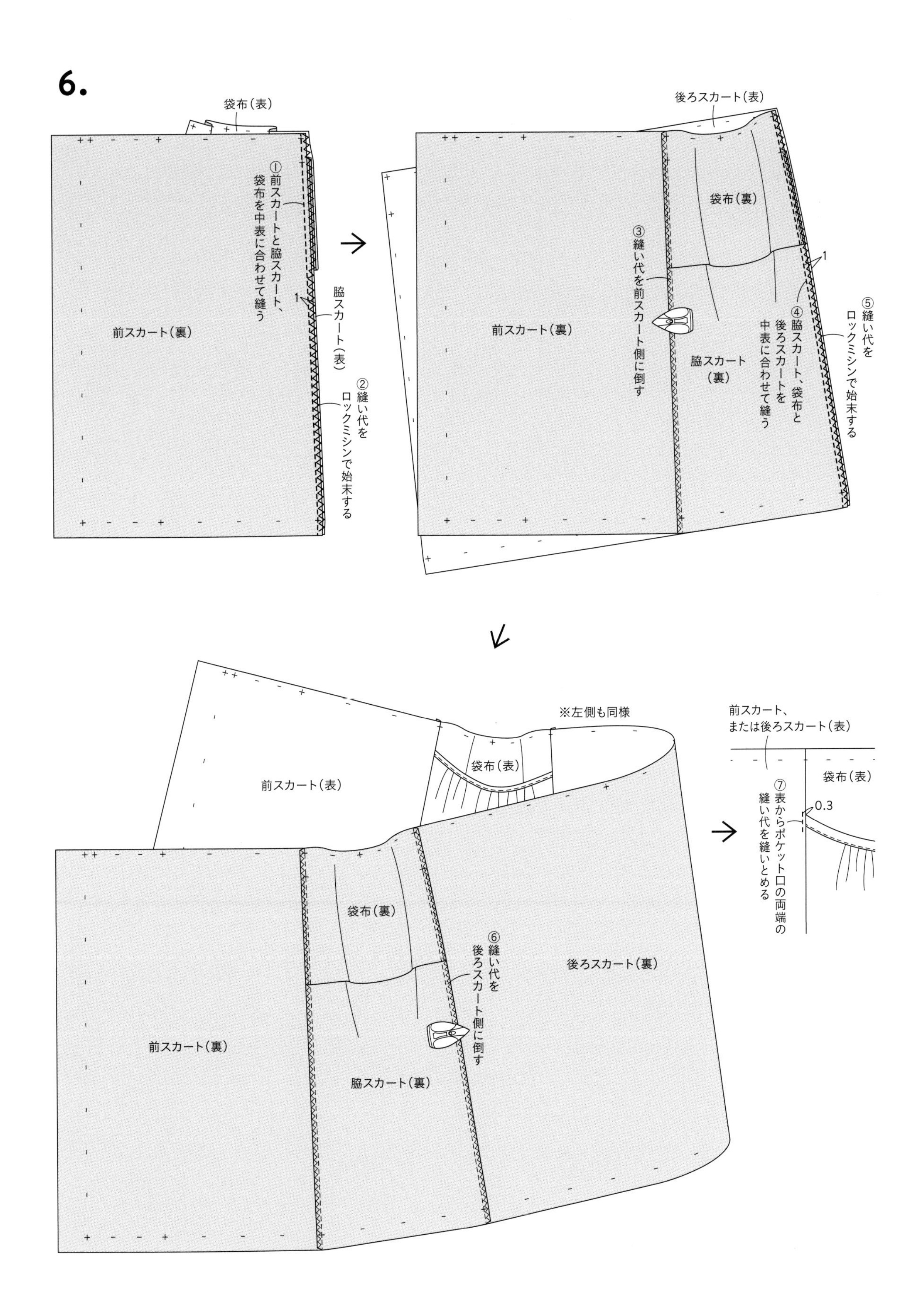

袋布（表）
①前スカートと脇スカート、袋布を中表に合わせて縫う
1
脇スカート（表）
前スカート（裏）
②縫い代をロックミシンで始末する
後ろスカート（表）
袋布（裏）
③縫い代を前スカート側に倒す
前スカート（裏）
④脇スカート、袋布と後ろスカートを中表に合わせて縫う
⑤縫い代をロックミシンで始末する
脇スカート（裏）
※左側も同様
袋布（表）
前スカート（表）
袋布（裏）
⑥縫い代を後ろスカート側に倒す
後ろスカート（裏）
前スカート（裏）
脇スカート（裏）
前スカート、または後ろスカート（表）
袋布（表）
⑦表からポケット口の両端の縫い代を縫いとめる
0.3

7.

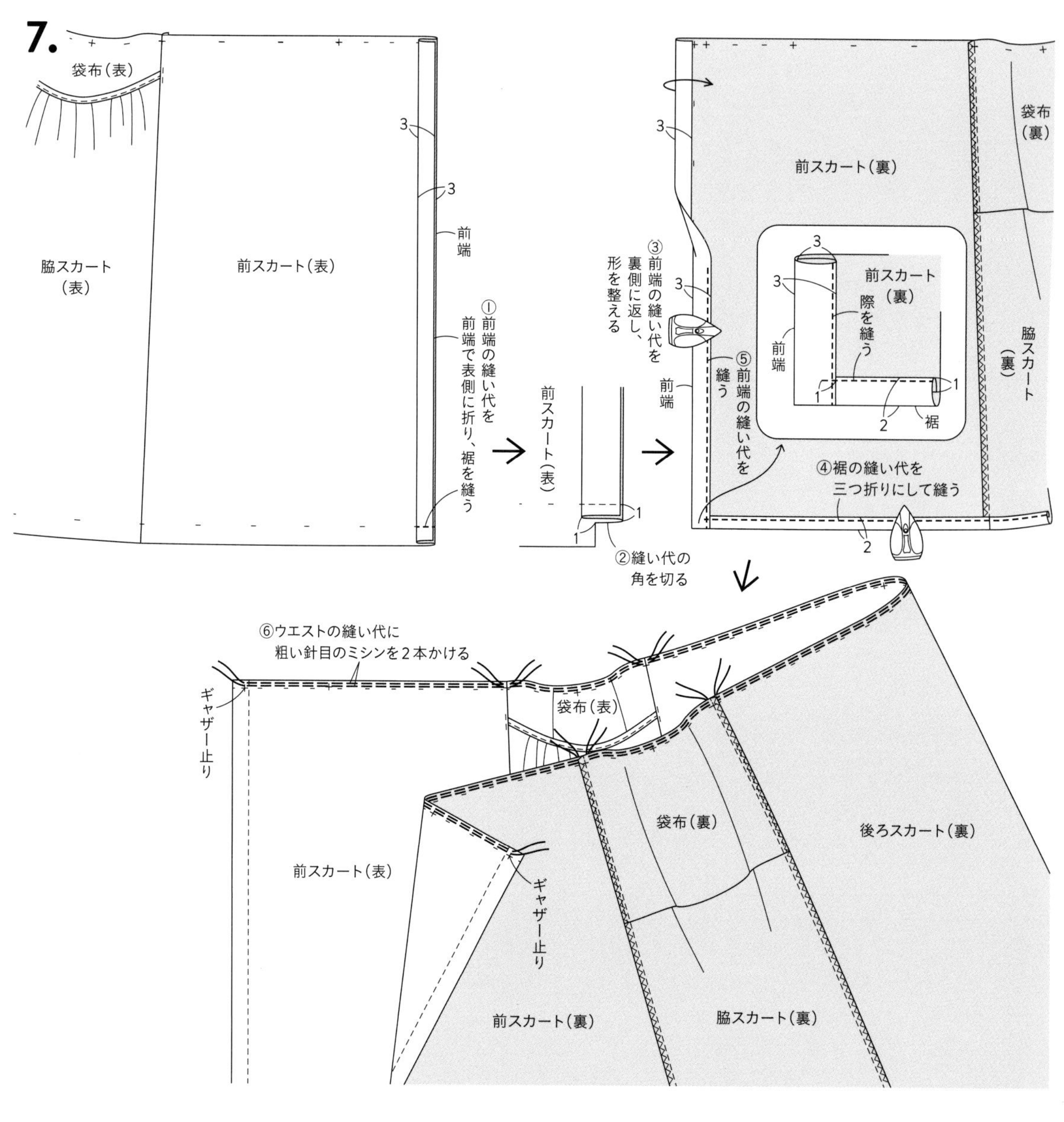
袋布（表）
脇スカート（表）
前スカート（表）
3
前端
①前端の縫い代を前端で表側に折り、裾を縫う
前スカート（表）
1
②縫い代の角を切る
③前端の縫い代を裏側に返し、形を整える
⑤前端の縫い代を縫う
前端
前スカート（裏）
袋布（裏）
脇スカート（裏）
際を縫う
裾
2
④裾の縫い代を三つ折りにして縫う
⑥ウエストの縫い代に粗い針目のミシンを２本かける
ギャザー止り
袋布（表）
袋布（裏）
後ろスカート（裏）
前スカート（表）
前スカート（裏）
脇スカート（裏）

8.

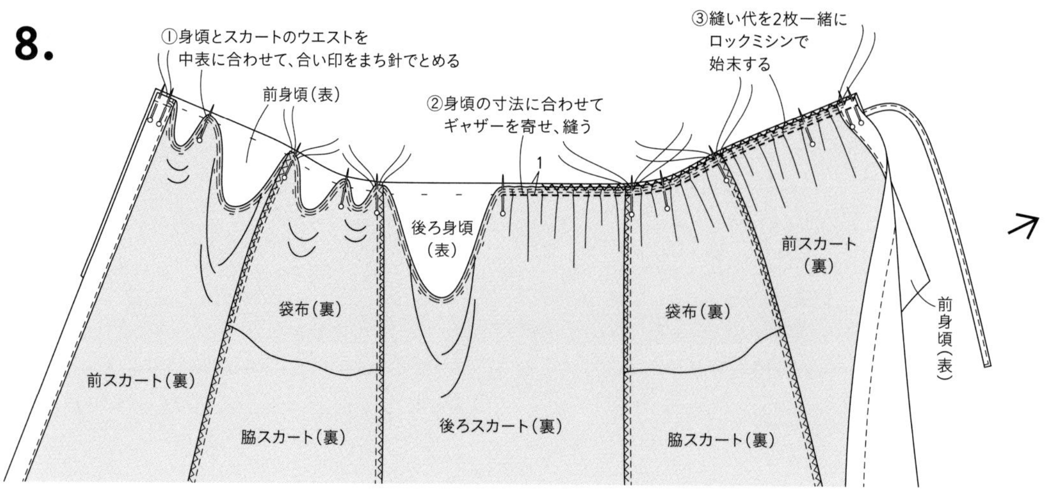
①身頃とスカートのウエストを中表に合わせて、合い印をまち針でとめる
前身頃（表）
②身頃の寸法に合わせてギャザーを寄せ、縫う
③縫い代を2枚一緒にロックミシンで始末する
1
後ろ身頃（表）
前スカート（裏）
袋布（裏）
前身頃（表）
脇スカート（裏）
後ろスカート（裏）

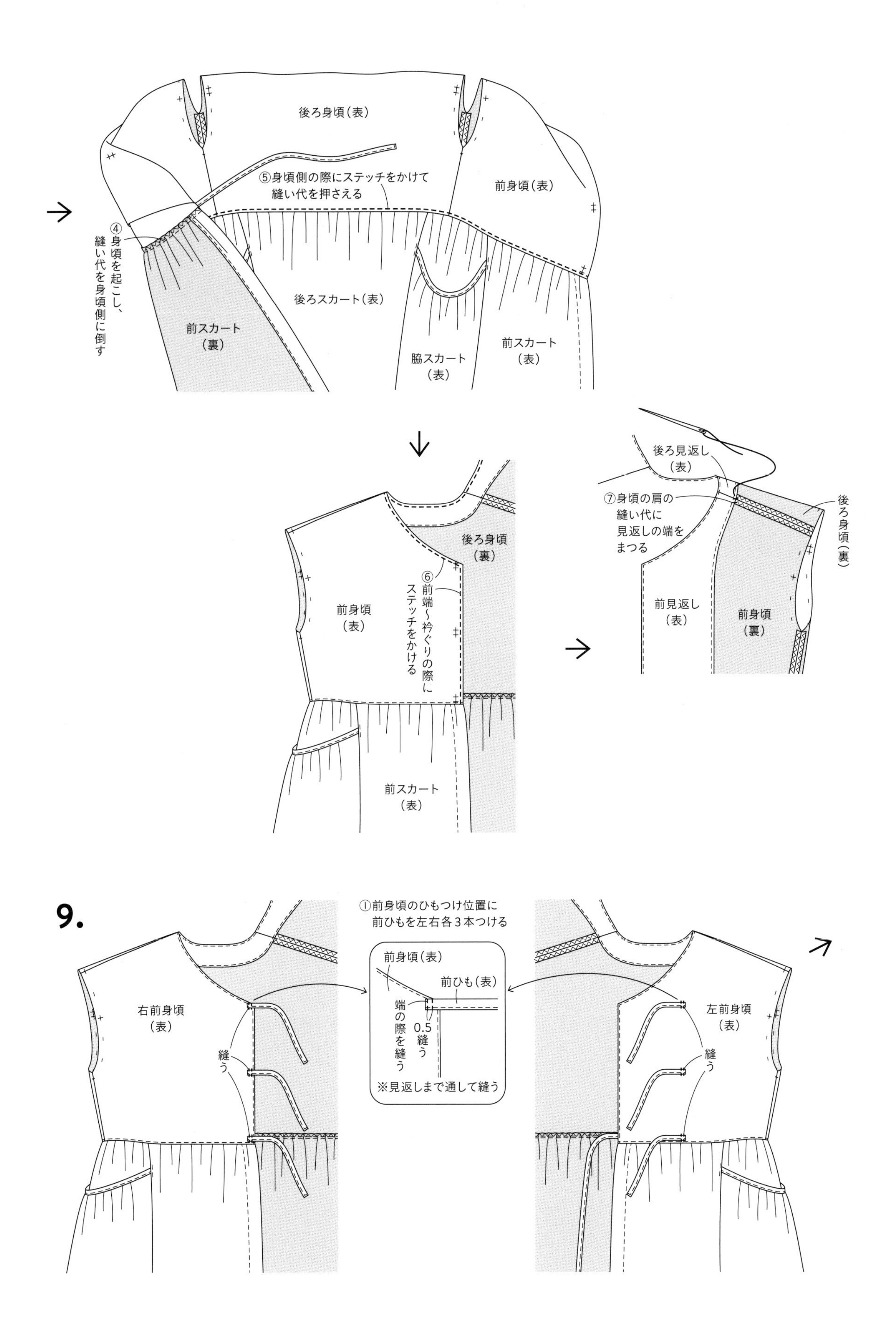
後ろ身頃（表）
⑤身頃側の際にステッチをかけて
縫い代を押さえる
前身頃（表）
④身頃を起こし、
縫い代を身頃側に倒す
後ろスカート（表）
前スカート
（裏）
脇スカート
（表）
前スカート
（表）
後ろ身頃
（裏）
⑥前端〜衿ぐりの際にステッチをかける
前身頃
（表）
前スカート
（表）
後ろ見返し
（表）
⑦身頃の肩の
縫い代に
見返しの端を
まつる
後ろ身頃（裏）
前見返し
（表）
前身頃
（裏）
9.
①前身頃のひもつけ位置に
前ひもを左右各３本つける
前身頃（表）
前ひも（表）
端の際を縫う
0.5
縫う
※見返しまで通して縫う
右前身頃
（表）
縫う
左前身頃
（表）
縫う

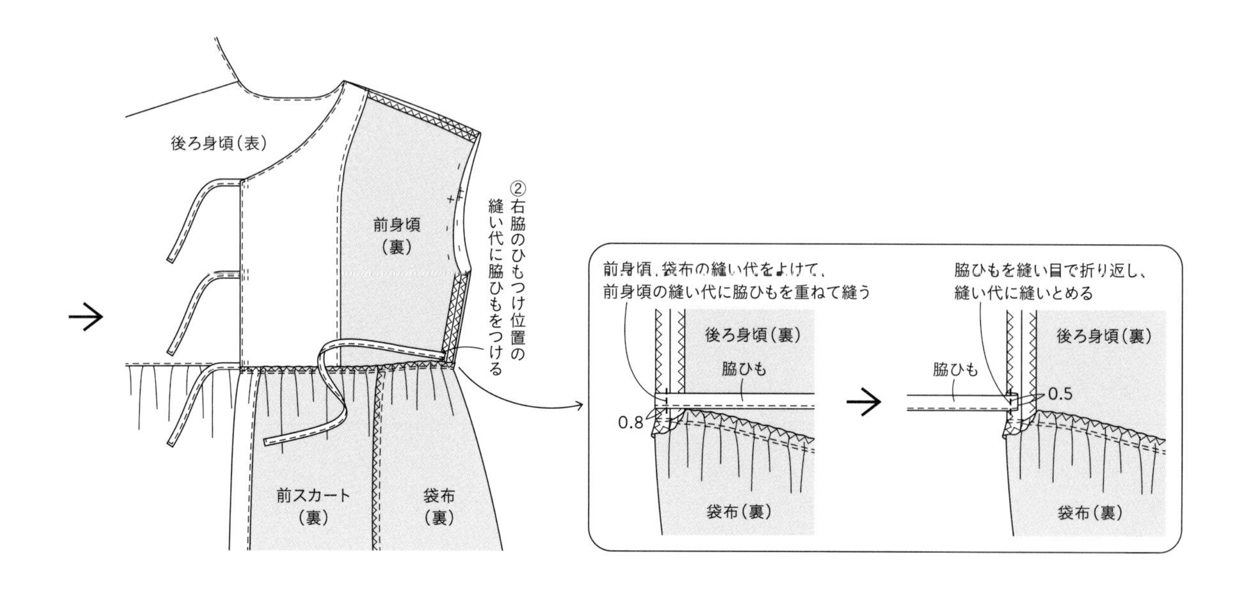
後ろ身頃（表）
前身頃
（裏）
②右脇のひもつけ位置の縫い代に脇ひもをつける
前スカート
（裏）
袋布
（裏）
前身頃、袋布の縫い代をよけて、
前身頃の縫い代に脇ひもを重ねて縫う
後ろ身頃（裏）
脇ひも
0.8
袋布（裏）
脇ひもを縫い目で折り返し、
縫い代に縫いとめる
後ろ身頃（裏）
脇ひも
0.5
袋布（裏）

10.

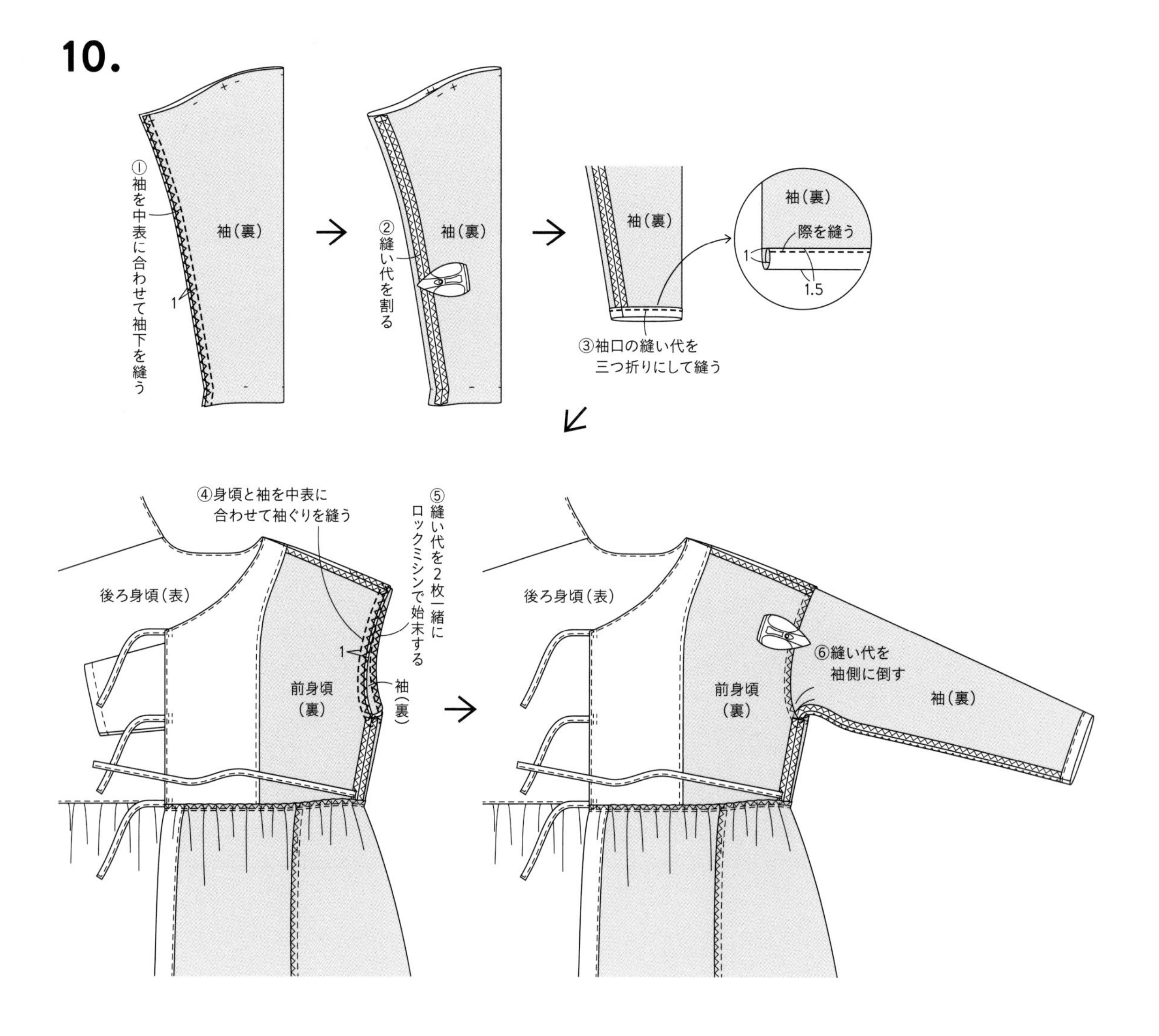
①袖を中表に合わせて袖下を縫う
1
袖（裏）
②縫い代を割る
袖（裏）
袖（裏）
③袖口の縫い代を
三つ折りにして縫う
袖（裏）
際を縫う
1
1.5
④身頃と袖を中表に
合わせて袖ぐりを縫う
⑤縫い代を2枚一緒にロックミシンで始末する
後ろ身頃（表）
1
前身頃
（裏）
袖（裏）
後ろ身頃（表）
⑥縫い代を
袖側に倒す
前身頃
（裏）
袖（裏）

I　ストライプAラインワンピース

》 p.26

J　フードつきワンピース

》 p.28

[出来上り寸法] ＊左からS／M／L／2L

〈I〉 バスト＝106／110／114／118cm
　　袖丈＝53／54／55／56cm
　　着丈＝110.5／112／113.5／115cm

〈J〉 バスト＝106／110／114／118cm
　　袖丈＝53／54／55／56cm
　　着丈＝107.5／109／110.5／112cm

[パターン] 1表

[材料] ＊左からS／M／L／2L

〈I〉 **表布**＝コットンパピエ・ストライプ（CHECK&STRIPE）105cm幅
　　4m20cm／4m20cm／4m30cm／4m40cm

〈J〉 **表布**＝フレンチコーデュロイ（CHECK&STRIPE）105cm幅
　　4m60cm／4m60cm／4m70cm／4m80cm

共通　伸び止めテープ＝12mm幅 41cm

[準備] ※裁合せ図も参照

＊前身頃のポケット口の縫い代裏に伸び止めテープをはる。

＊前後身頃の肩と脇、袖下、袋布のポケット口側と〈I〉は上側の縫い代端をロックミシン、またはジグザグミシンで始末する。

[作り方順序]

1. 脇ひもを２本作る。〈J〉はフードも作る。
2. 肩を縫う。
3. ポケットを作りながら、脇を縫う。左脇には脇ひもをはさむ。
4. 衿ぐりを衿ぐりバイアス布で始末する。〈J〉はフードをはさみ、始末する。
5. 前端と裾を始末する。
6. 前後ひも通し布を縫い合わせ、身頃に縫いつける。
7. 右脇に脇ひもを縫いつける。
8. 袖を作り、縫いつける。
9. ウエストひもを作り、ひも通しに通す。

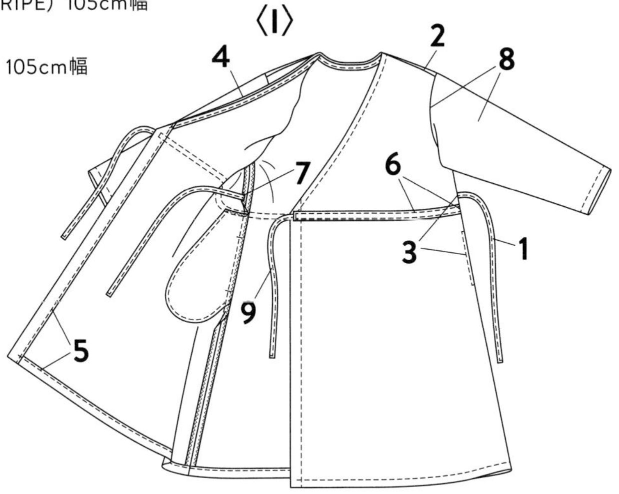

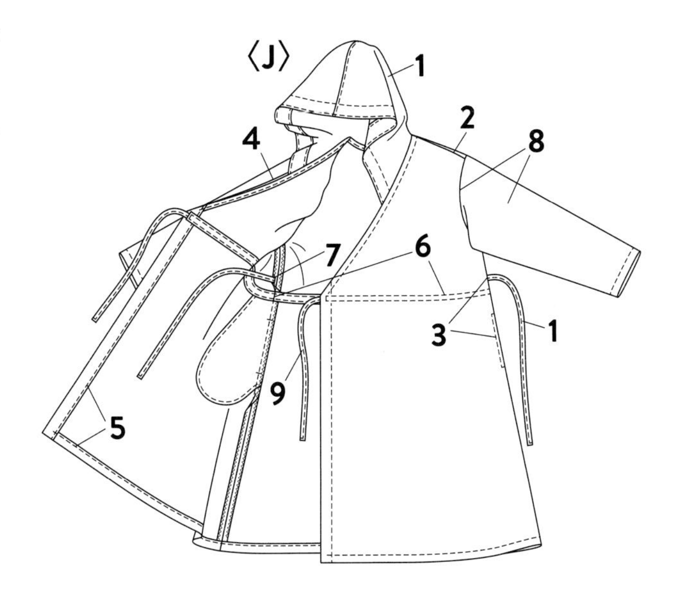

[裁合せ図]
I

[裁合せ図]
J

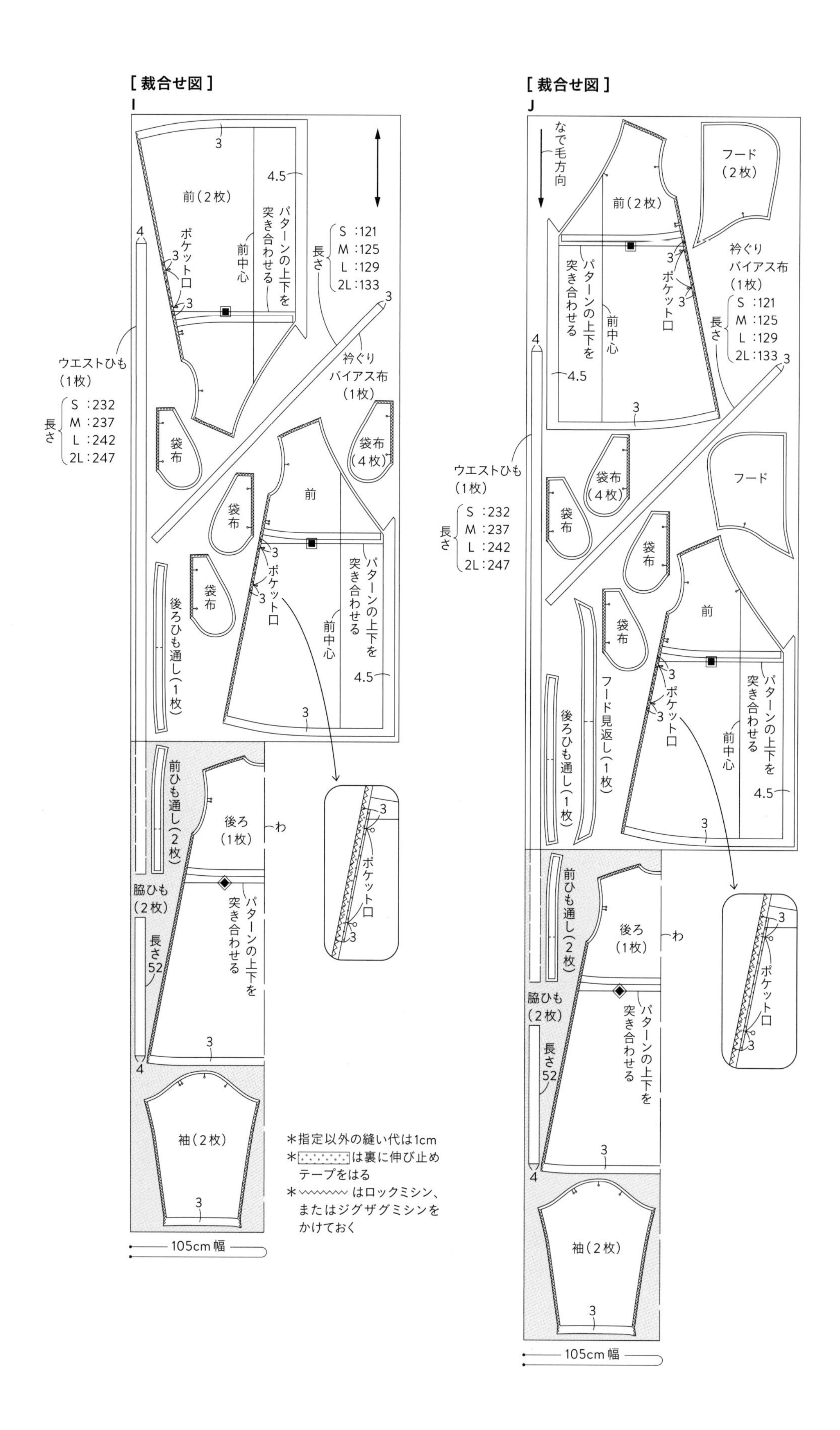
前（2枚）
パターンの上下を突き合わせる
前中心
ポケット口
4.5
3
4
衿ぐりバイアス布（1枚）
長さ S：121 M：125 L：129 2L：133
ウエストひも（1枚）
長さ S：232 M：237 L：242 2L：247
袋布
袋布（4枚）
前
後ろひも通し（1枚）
前ひも通し（2枚）
後ろ（1枚）
わ
脇ひも（2枚）
長さ52
袖（2枚）
105cm幅
なで毛方向
フード（2枚）
フード
フード見返し（1枚）
＊指定以外の縫い代は1cm
＊ は裏に伸び止めテープをはる
＊ はロックミシン、またはジグザグミシンをかけておく

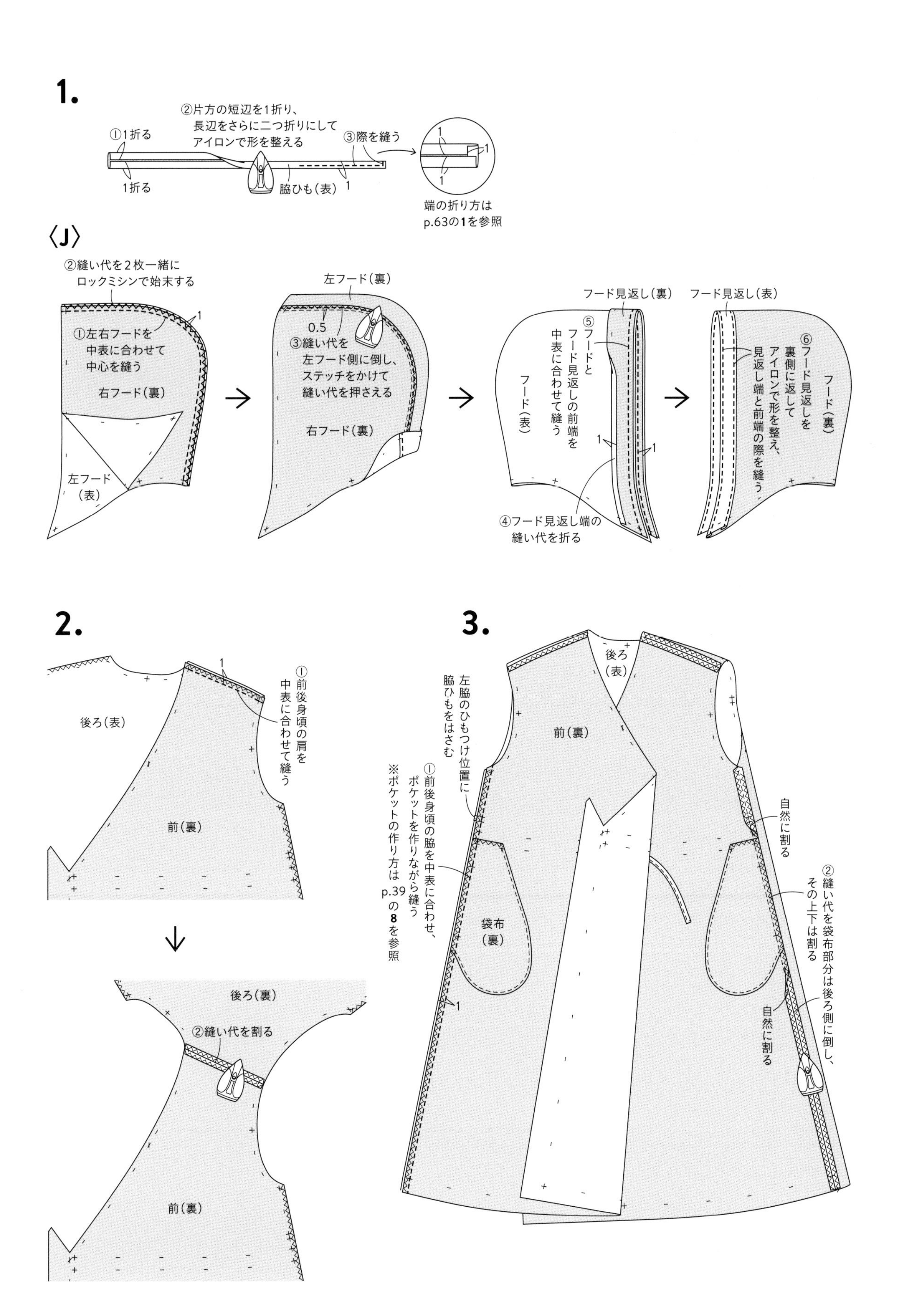
1.
①1折る
1折る
②片方の短辺を1折り、
長辺をさらに二つ折りにして
アイロンで形を整える
③際を縫う
脇ひも(表)
1
1
1
1
端の折り方は
p.63の1を参照
〈J〉
②縫い代を2枚一緒に
ロックミシンで始末する
①左右フードを
中表に合わせて
中心を縫う
1
右フード(裏)
左フード
(表)
左フード(裏)
0.5
③縫い代を
左フード側に倒し、
ステッチをかけて
縫い代を押さえる
右フード(裏)
フード見返し(裏)
⑤フードと
フード見返しの前端を
中表に合わせて縫う
フード(表)
1
1
④フード見返し端の
縫い代を折る
フード見返し(表)
⑥フード見返しを
裏側に返して
アイロンで形を整え、
見返し端と前端の際を縫う
フード(裏)
2.
1
①前後身頃の肩を
中表に合わせて縫う
後ろ(表)
前(裏)
後ろ(裏)
②縫い代を割る
前(裏)
3.
後ろ
(表)
前(裏)
左脇のひもつけ位置に
脇ひもをはさむ
①前後身頃の脇を中表に合わせ、
ポケットを作りながら縫う
※ポケットの作り方は
p.39 の8を参照
袋布
(裏)
1
自然に割る
②縫い代を袋布部分は後ろ側に倒し、
その上下は割る
自然に割る

4.

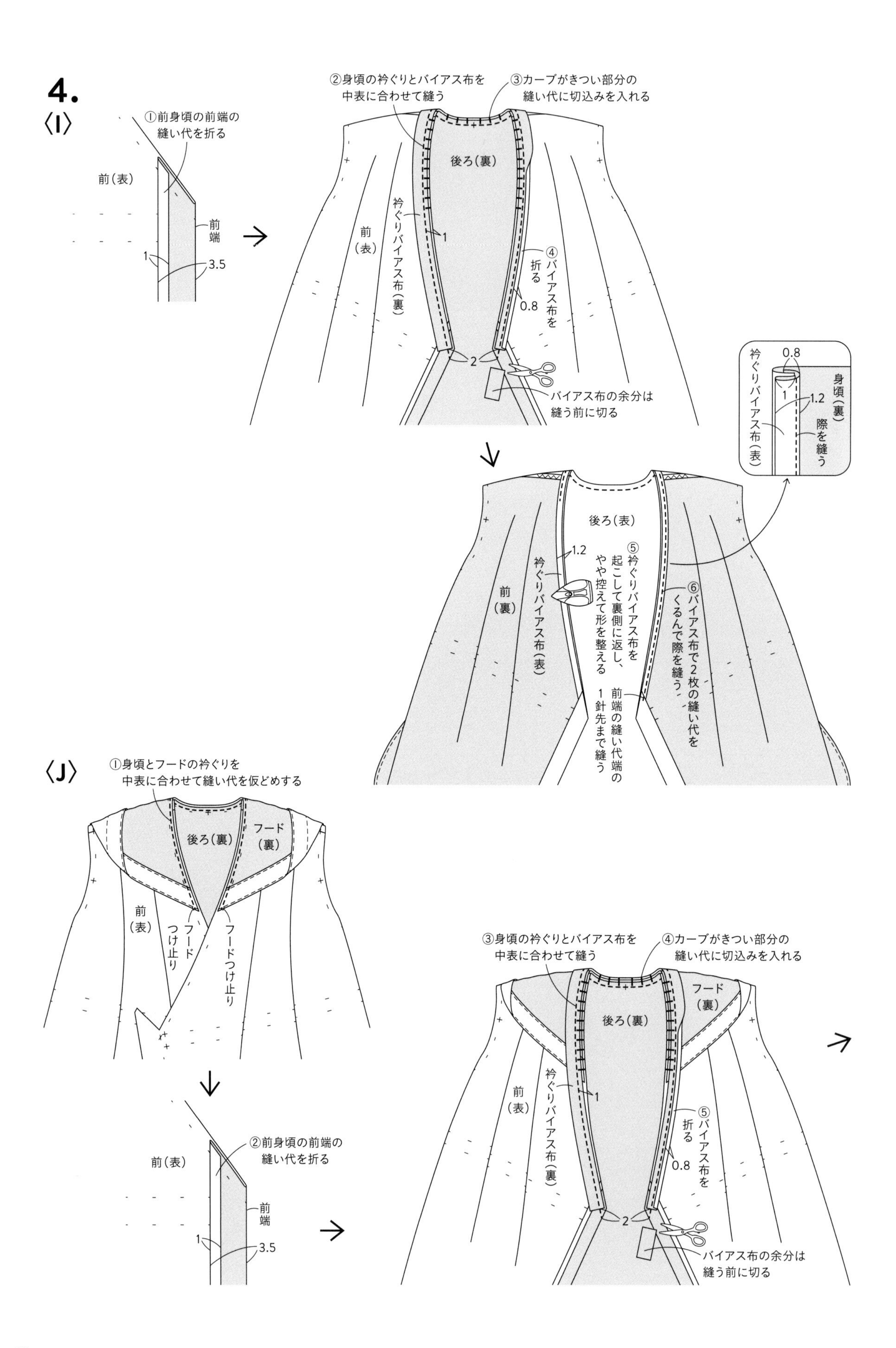

〈I〉
①前身頃の前端の縫い代を折る
前（表）
前端
1
3.5
②身頃の衿ぐりとバイアス布を中表に合わせて縫う
③カーブがきつい部分の縫い代に切込みを入れる
後ろ（裏）
前（表）
衿ぐりバイアス布（裏）
1
④バイアス布を折る
0.8
2
バイアス布の余分は縫う前に切る
0.8
1
1.2
衿ぐりバイアス布（表）
身頃（裏）
際を縫う
後ろ（表）
1.2
衿ぐりバイアス布（表）
前（裏）
⑤衿ぐりバイアス布を起こして裏側に返し、やや控えて形を整える
前端の縫い代端の1針先まで縫う
⑥バイアス布で2枚の縫い代をくるんで際を縫う
〈J〉
①身頃とフードの衿ぐりを中表に合わせて縫い代を仮どめする
後ろ（裏）
フード（裏）
前（表）
フードつけ止り
フードつけ止り
②前身頃の前端の縫い代を折る
前（表）
前端
1
3.5
③身頃の衿ぐりとバイアス布を中表に合わせて縫う
④カーブがきつい部分の縫い代に切込みを入れる
フード（裏）
後ろ（裏）
前（表）
衿ぐりバイアス布（裏）
1
⑤バイアス布を折る
0.8
2
バイアス布の余分は縫う前に切る

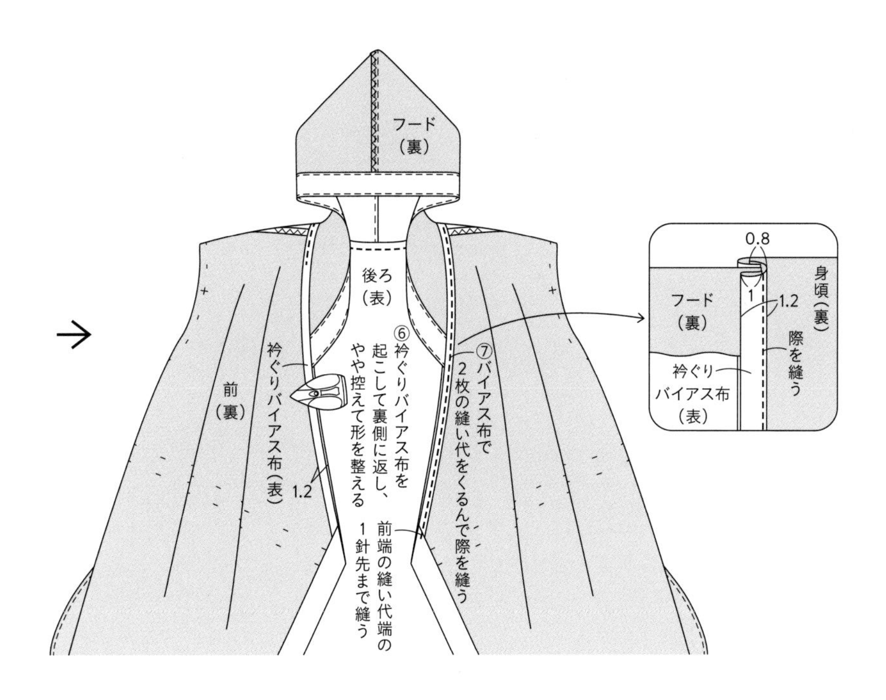
フード
（裏）
後ろ
（表）
前
（裏）
衿ぐりバイアス布（表）
衿ぐり
1.2
⑥衿ぐりバイアス布を起こして裏側に返し、やや控えて形を整える
⑦バイアス布で2枚の縫い代をくるんで際を縫う
前端の縫い代端の1針先まで縫う
0.8
フード
（裏）
身頃（裏）
1
1.2
際を縫う
衿ぐりバイアス布（表）

5.

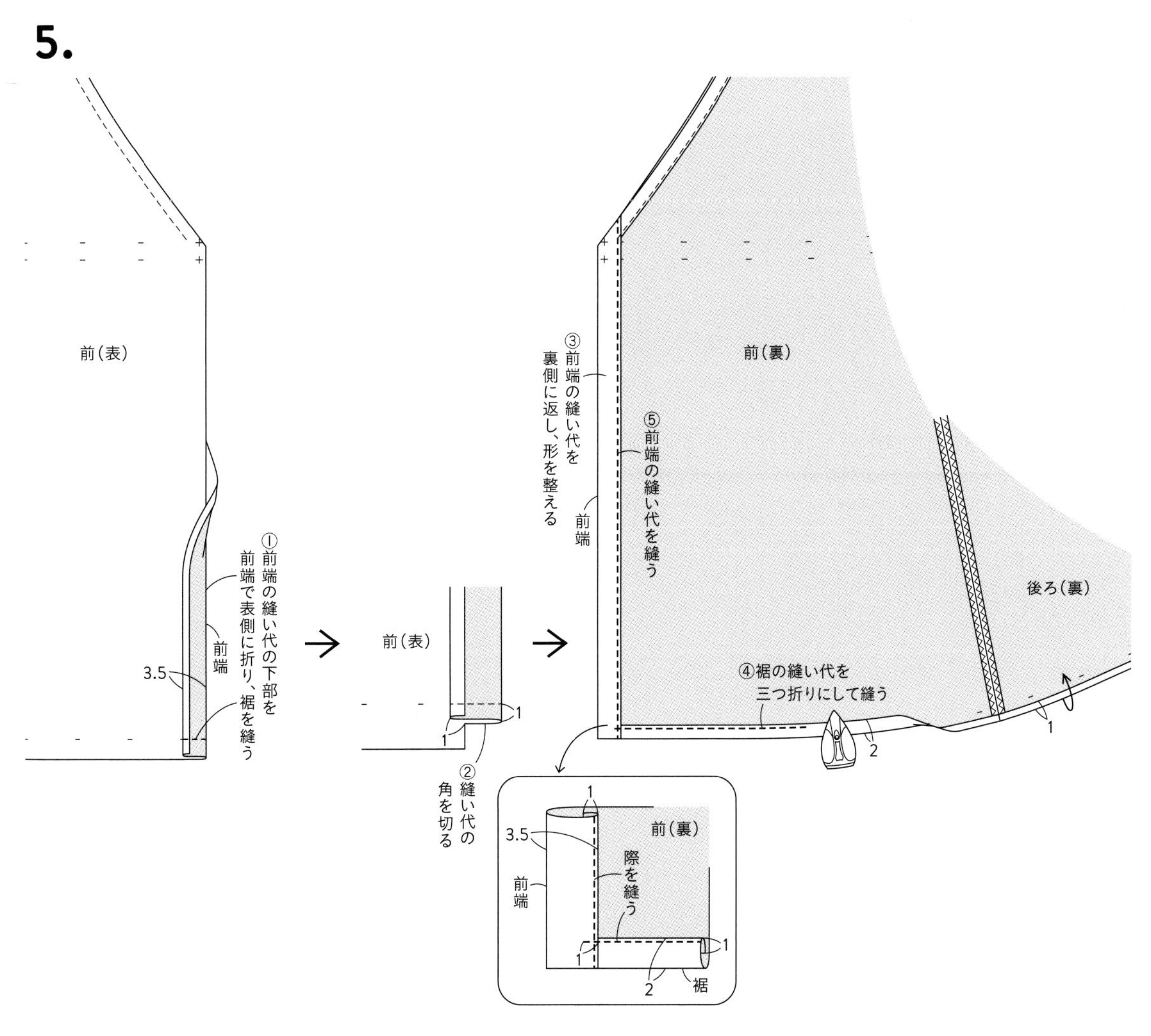
前（表）
①前端の縫い代の下部を前端で表側に折り、裾を縫う
前端
3.5
前（表）
1
1
②縫い代の角を切る
前（裏）
③前端の縫い代を裏側に返し、形を整える
前端
⑤前端の縫い代を縫う
後ろ（裏）
④裾の縫い代を三つ折りにして縫う
2
1
1
3.5
前端
前（裏）
際を縫う
1
1
2
裾

6.

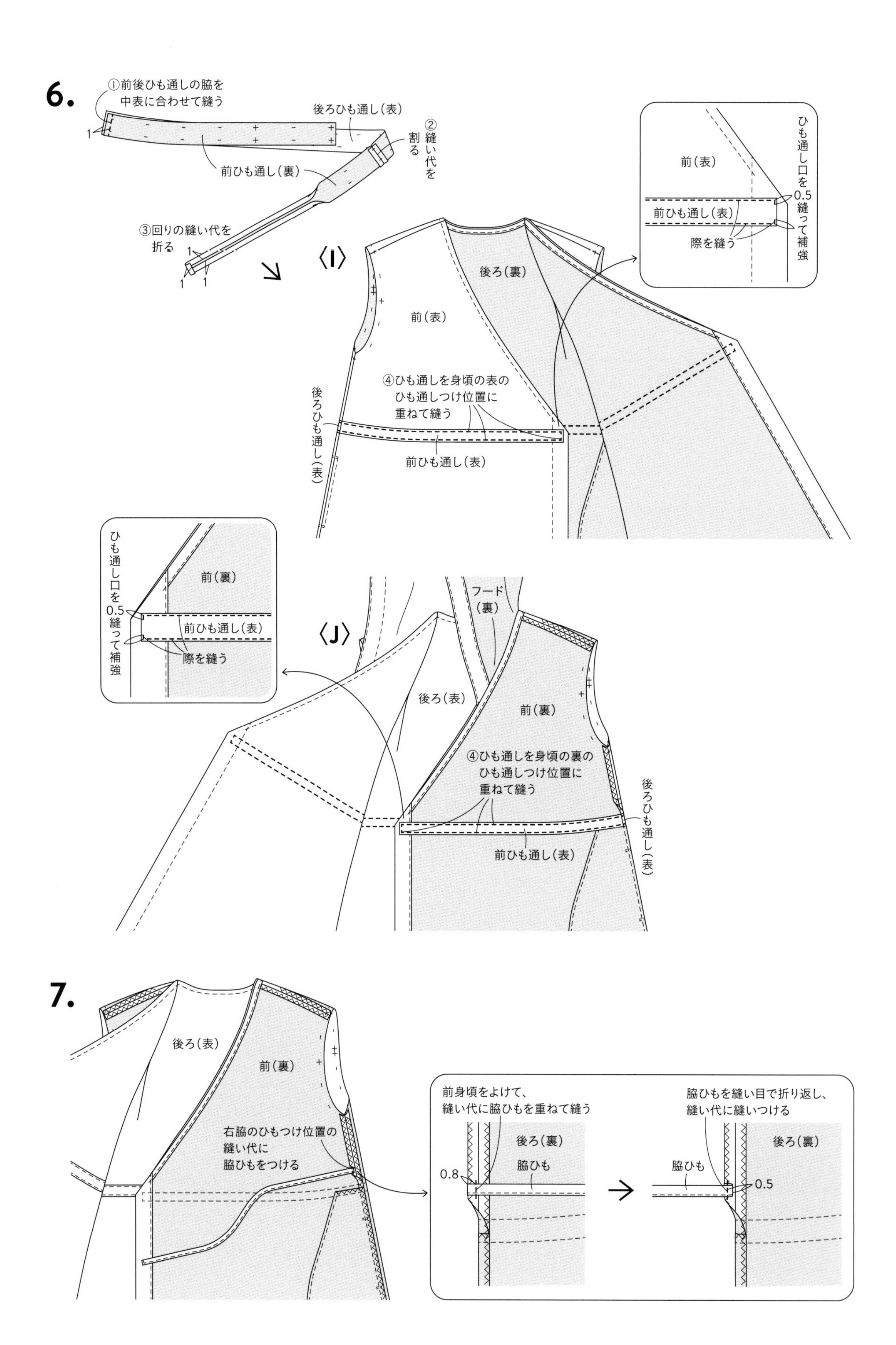
①前後ひも通しの脇を
中表に合わせて縫う
1
後ろひも通し(表)
②縫い代を割る
前ひも通し(裏)
③回りの縫い代を
折る
1
1
1
〈I〉
後ろ(裏)
前(表)
④ひも通しを身頃の表の
ひも通しつけ位置に
重ねて縫う
後ろひも通し(表)
前ひも通し(表)
前(表)
ひも通し口を0.5縫って補強
前ひも通し(表)
際を縫う
前(裏)
ひも通し口を
0.5
縫って補強
前ひも通し(表)
際を縫う
フード
(裏)
〈J〉
後ろ(表)
前(裏)
④ひも通しを身頃の裏の
ひも通しつけ位置に
重ねて縫う
後ろひも通し(表)
前ひも通し(表)
7.
後ろ(表)
前(裏)
右脇のひもつけ位置の
縫い代に
脇ひもをつける
前身頃をよけて、
縫い代に脇ひもを重ねて縫う
後ろ(裏)
脇ひも
0.8
脇ひもを縫い目で折り返し、
縫い代に縫いつける
後ろ(裏)
脇ひも
0.5

8.

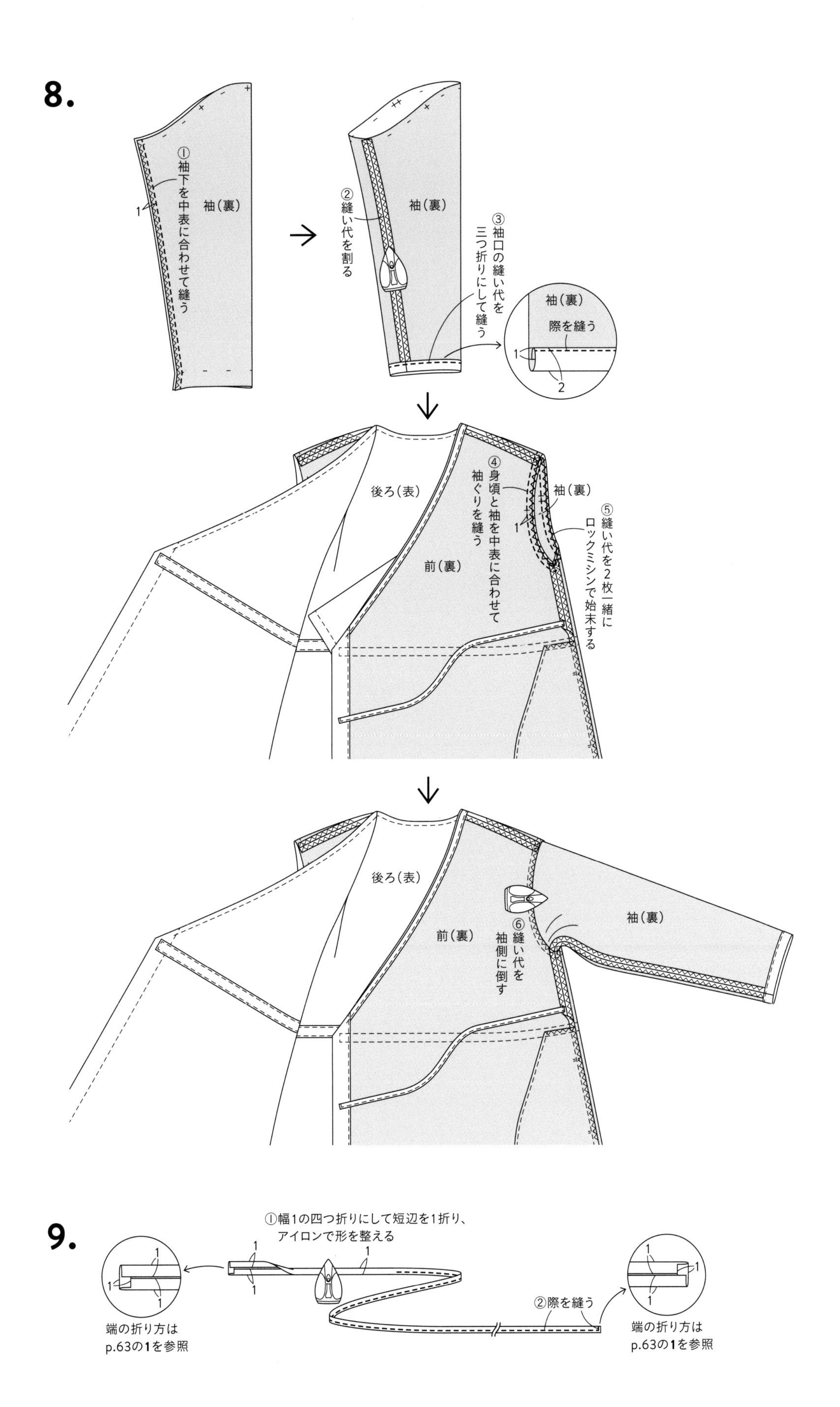
①袖下を中表に合わせて縫う
1
袖（裏）
②縫い代を割る
袖（裏）
③袖口の縫い代を三つ折りにして縫う
袖（裏）
際を縫う
1
2
後ろ（表）
④身頃と袖を中表に合わせて袖ぐりを縫う
袖（裏）
1
⑤縫い代を2枚一緒にロックミシンで始末する
前（裏）
後ろ（表）
前（裏）
⑥縫い代を袖側に倒す
袖（裏）

9.

①幅1の四つ折りにして短辺を1折り、
アイロンで形を整える
1
1
1
1
1
1
②際を縫う
1
1
1
端の折り方は
p.63の**1**を参照
端の折り方は
p.63の**1**を参照

K ストレートペチパンツ

≫ p.32

M ワイドペチパンツ

≫ p.32

［出来上り寸法］ ＊左からS／M／L／2L

〈K〉ウエスト（ゴム上り）＝60／64／68／72cm
パンツ丈＝94.5／96／97.5／99cm

〈M〉ウエスト（ゴム上り）＝60／64／68／72cm
パンツ丈＝94.8／96.3／97.8／99.3cm

［パターン］〈K〉1裏／〈M〉1表

［材料］ ＊左からS／M／L／2L

〈K〉**表布**＝天使のリネン（CHECK&STRIPE）100cm幅
2m10cm／2m10cm／2m20cm／2m20cm
ゴムテープ＝3cm幅 61.5／65.5／69.5／73.5cm

〈M〉**表布**＝ドットミニヨン（CHECK&STRIPE）
110cm幅（ドット有効幅105cm）
2m10cm／2m10cm／2m20cm／2m20cm
ゴムテープ＝3cm幅 61.5／65.5／69.5／73.5cm

［作り方順序］

1. 前後パンツの股上を、それぞれ縫う。
2. 前後パンツの股下を縫う。
3. 前後パンツの脇を縫う。
4. ベルトを作り、縫いつける。
5. 裾を始末する。
6. ベルトにゴムテープを通す。

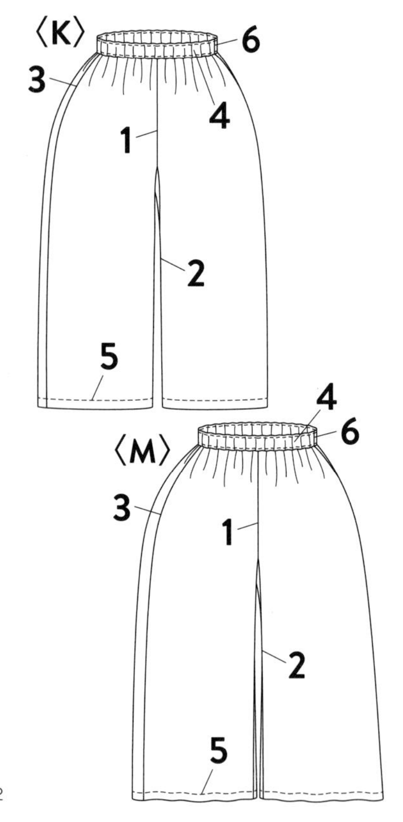

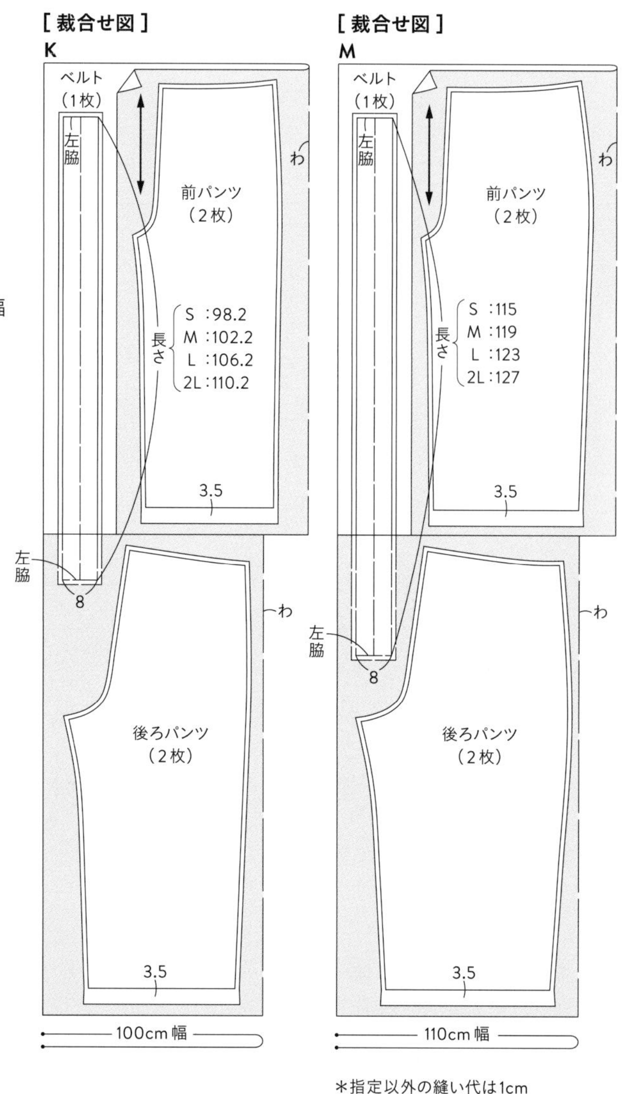

＊指定以外の縫い代は1cm

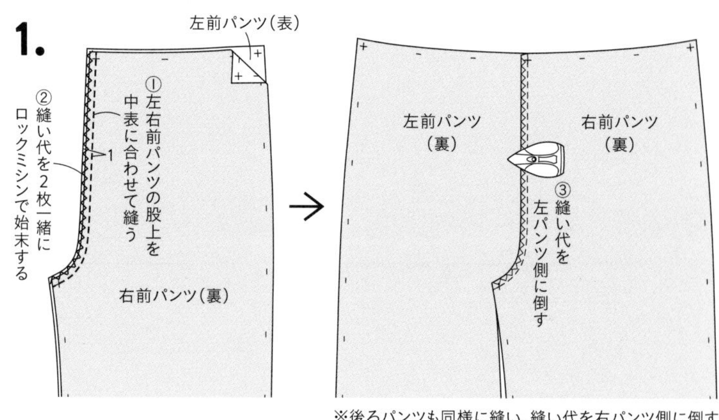

※後ろパンツも同様に縫い、縫い代を右パンツ側に倒す

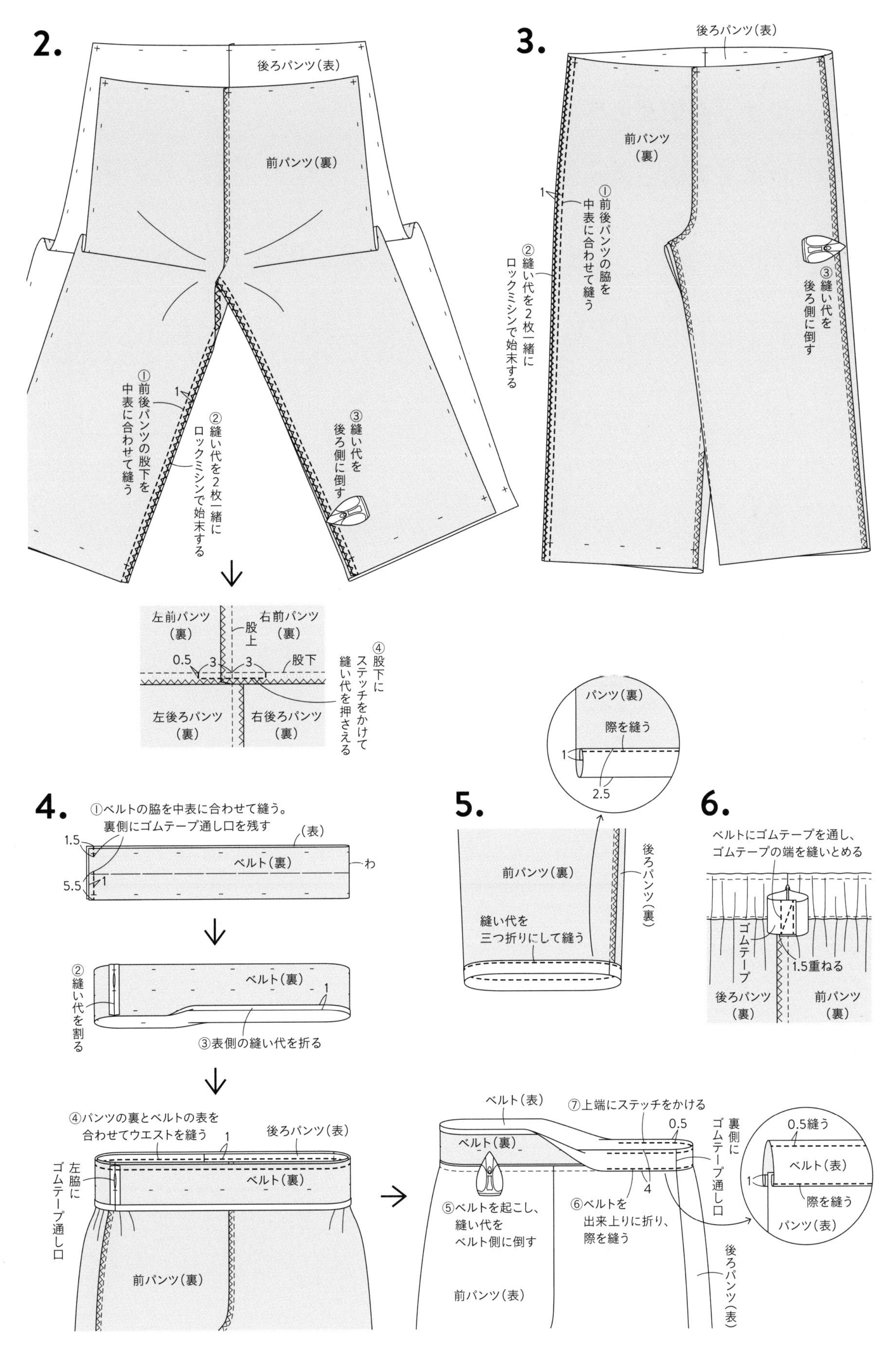
2.
後ろパンツ(表)
前パンツ(裏)
①前後パンツの股下を中表に合わせて縫う
1
②縫い代を2枚一緒にロックミシンで始末する
③縫い代を後ろ側に倒す
左前パンツ(裏)
右前パンツ(裏)
股上
0.5
3
3
股下
左後ろパンツ(裏)
右後ろパンツ(裏)
④股下にステッチをかけて縫い代を押さえる
3.
後ろパンツ(表)
前パンツ(裏)
1
①前後パンツの脇を中表に合わせて縫う
②縫い代を2枚一緒にロックミシンで始末する
③縫い代を後ろ側に倒す
4.
①ベルトの脇を中表に合わせて縫う。
裏側にゴムテープ通し口を残す
(表)
1.5
5.5
1
ベルト(裏)
わ
②縫い代を割る
ベルト(裏)
1
③表側の縫い代を折る
④パンツの裏とベルトの表を合わせてウエストを縫う
1
後ろパンツ(表)
左脇にゴムテープ通し口
ベルト(裏)
前パンツ(裏)
ベルト(表)
⑦上端にステッチをかける
0.5
ベルト(裏)
裏側にゴムテープ通し口
4
⑤ベルトを起こし、縫い代をベルト側に倒す
⑥ベルトを出来上りに折り、際を縫う
前パンツ(表)
後ろパンツ(表)
0.5縫う
ベルト(表)
1
際を縫う
パンツ(表)
5.
パンツ(裏)
際を縫う
1
2.5
前パンツ(裏)
後ろパンツ(裏)
縫い代を三つ折りにして縫う
6.
ベルトにゴムテープを通し、ゴムテープの端を縫いとめる
ゴムテープ
1.5重ねる
後ろパンツ(裏)
前パンツ(裏)

L ストレート裾切替えペチパンツ ≫ p.32

N ワイド裾切替えペチパンツ（別布） ≫ p.32

O ワイド裾切替えペチパンツ（共布） ≫ p.32

［出来上り寸法］ ＊左からS／M／L／2L

〈**L**〉 ウエスト（ゴム上り）＝60／64／68／72cm
　パンツ丈＝94.5／96／97.5／99cm

〈**N**〉、〈**O**〉 ウエスト（ゴム上り）＝60／64／68／72cm
　パンツ丈＝94.8／96.3／97.8／99.3cm

［パターン］〈L〉1裏／〈N〉、〈O〉1表

［材料］ ＊左からS／M／L／2L

〈**L**〉 **表布**＝海のブロード（CHECK&STRIPE）110cm幅
　1m50cm／1m50cm／1m60cm／1m60cm
　別布＝ティアドロップスツリー（CHECK&STRIPE）
　110cm幅（有効幅約103cm）
　80cm／80cm／90cm／90cm
　ゴムテープ＝3cm幅 61.5／65.5／69.5／73.5cm

〈**N**〉 **表布**＝コットンパピエ（CHECK&STRIPE）105cm幅
　1m60cm／1m60cm／1m70cm／1m70cm
　別布＝コットンパピエ・ストライプ（CHECK&STRIPE）105cm幅
　1m10cm／1m10cm／1m20cm／1m20cm
　ゴムテープ＝3cm幅 61.5／65.5／69.5／73.5cm

〈**O**〉 **表布**＝コットンリネン レジェール（CHECK&STRIPE）105cm幅
　2m60cm／2m60cm／2m70cm／2m70cm
　ゴムテープ＝3cm幅 61.5／65.5／69.5／73.5cm

［準備］ ※裁合せ図も参照

〈**L**〉 ＊前後裾布の脇の縫い代端をロックミシン、
　またはジグザグミシンで始末する。

［作り方順序］

1. 前後パンツの股上を、それぞれ縫う。
2. 前後パンツの股下を縫う。
3. 前後パンツの脇を縫う。
4. 前後裾布を作り、前後パンツに縫いつける。
5. ベルトを作り、縫いつける。
6. ベルトにゴムテープを通す。

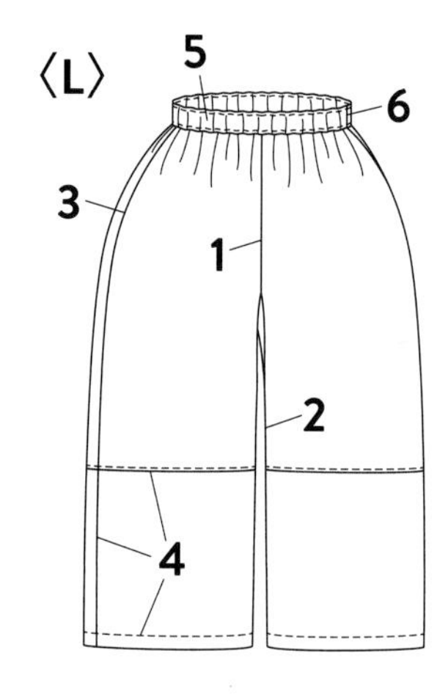

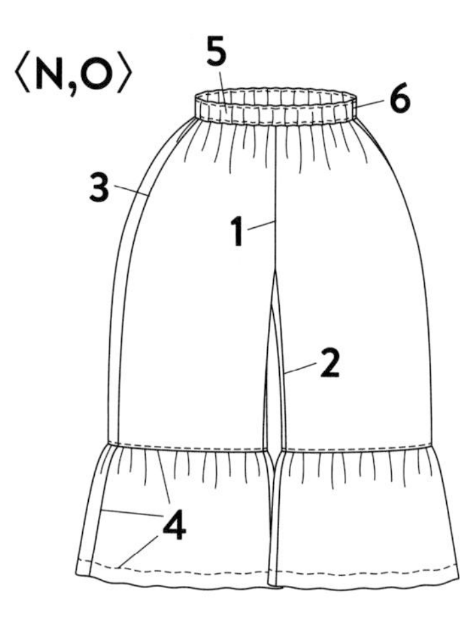

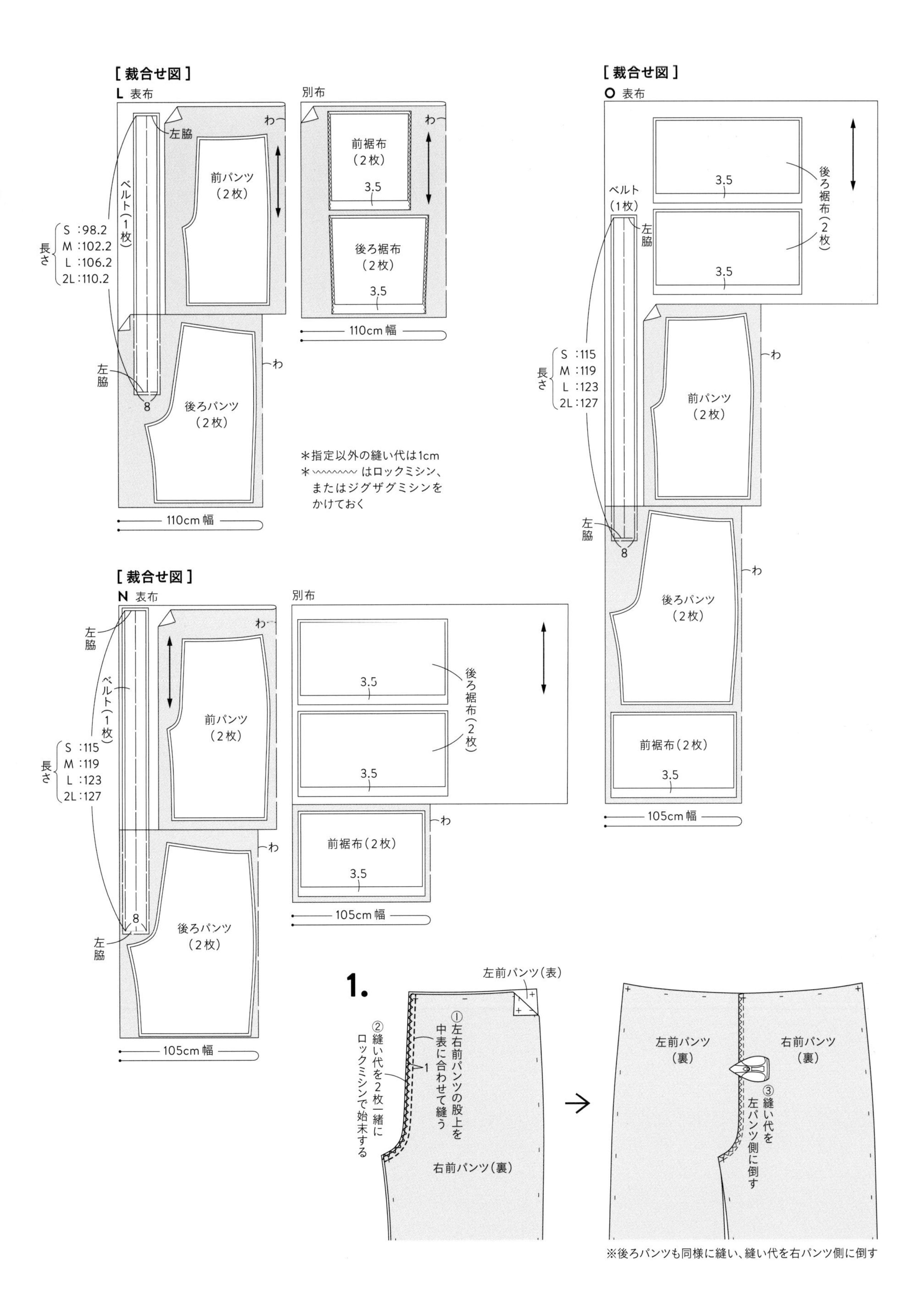
[裁合せ図]
L 表布
別布
わ
左脇
前パンツ
（2枚）
ベルト（1枚）
長さ
S :98.2
M :102.2
L :106.2
2L :110.2
前裾布
（2枚）
3.5
後ろ裾布
（2枚）
3.5
110cm幅
左脇
8
後ろパンツ
（2枚）
わ
＊指定以外の縫い代は1cm
＊ はロックミシン、
またはジグザグミシンを
かけておく
110cm幅
[裁合せ図]
O 表布
後ろ裾布（2枚）
3.5
3.5
ベルト
（1枚）
左脇
長さ
S :115
M :119
L :123
2L :127
前パンツ
（2枚）
わ
左脇
8
後ろパンツ
（2枚）
わ
前裾布（2枚）
3.5
105cm幅
[裁合せ図]
N 表布
別布
左脇
わ
ベルト（1枚）
前パンツ
（2枚）
長さ
S :115
M :119
L :123
2L :127
後ろ裾布（2枚）
3.5
3.5
わ
前裾布（2枚）
3.5
105cm幅
8
左脇
後ろパンツ
（2枚）
105cm幅
1.
左前パンツ（表）
①左右前パンツの股上を中表に合わせて縫う
②縫い代を2枚一緒にロックミシンで始末する
1
右前パンツ（裏）
左前パンツ
（裏）
右前パンツ
（裏）
③縫い代を左パンツ側に倒す
※後ろパンツも同様に縫い、縫い代を右パンツ側に倒す

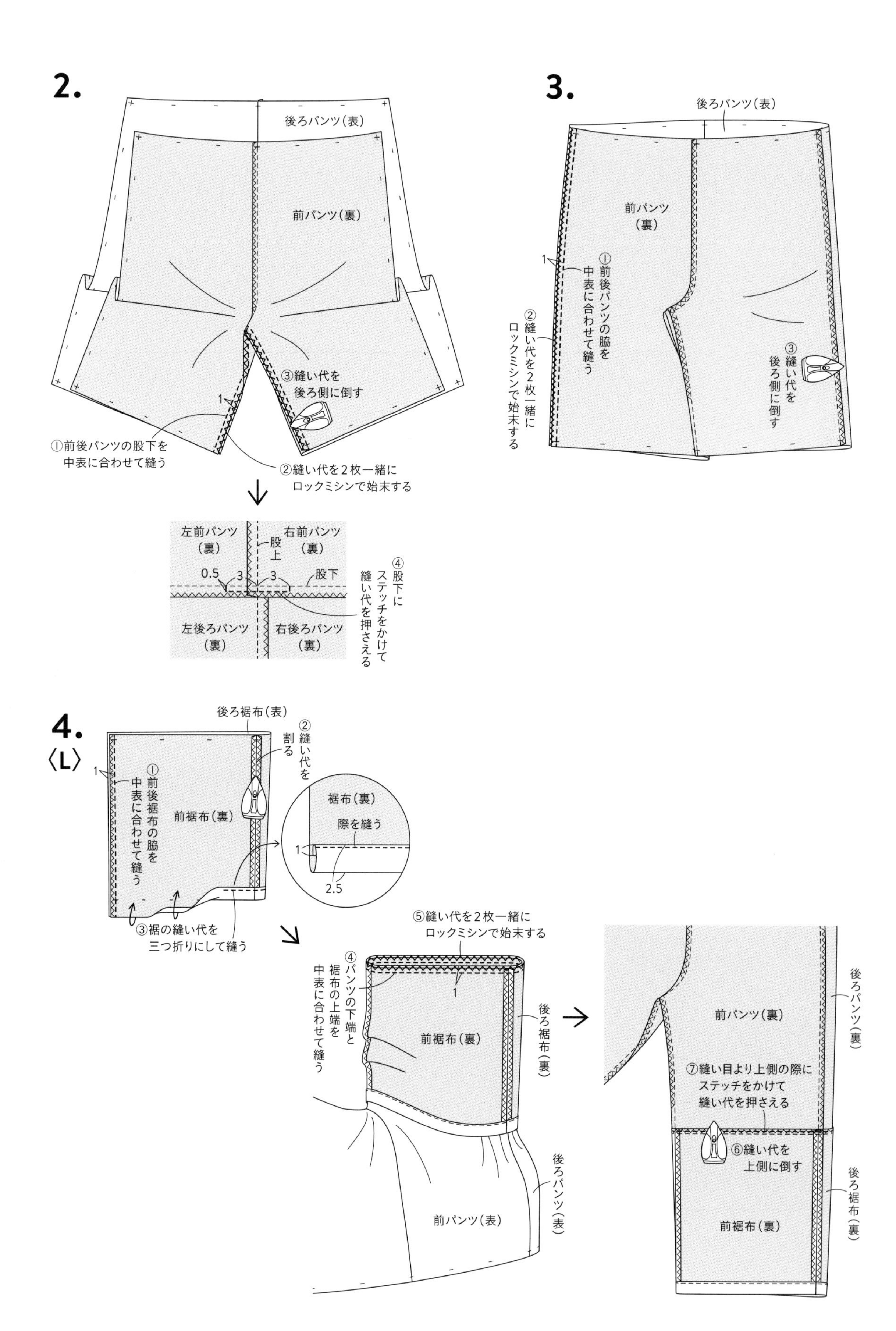
2.
後ろパンツ(表)
前パンツ(裏)
③縫い代を
後ろ側に倒す
1
①前後パンツの股下を
中表に合わせて縫う
②縫い代を2枚一緒に
ロックミシンで始末する
左前パンツ
(裏)
右前パンツ
(裏)
股上
0.5
3
3
股下
左後ろパンツ
(裏)
右後ろパンツ
(裏)
④股下に
ステッチをかけて
縫い代を押さえる
3.
後ろパンツ(表)
前パンツ
(裏)
1
①前後パンツの脇を
中表に合わせて縫う
②縫い代を2枚一緒に
ロックミシンで始末する
③縫い代を
後ろ側に倒す
4.
〈L〉
後ろ裾布(表)
②縫い代を
割る
1
①前後裾布の脇を
中表に合わせて縫う
前裾布(裏)
裾布(裏)
際を縫う
1
2.5
③裾の縫い代を
三つ折りにして縫う
⑤縫い代を2枚一緒に
ロックミシンで始末する
④パンツの下端と
裾布の上端を
中表に合わせて縫う
1
前裾布(裏)
後ろ裾布(裏)
後ろパンツ(表)
前パンツ(表)
前パンツ(裏)
後ろパンツ(裏)
⑦縫い目より上側の際に
ステッチをかけて
縫い代を押さえる
⑥縫い代を
上側に倒す
前裾布(裏)
後ろ裾布(裏)

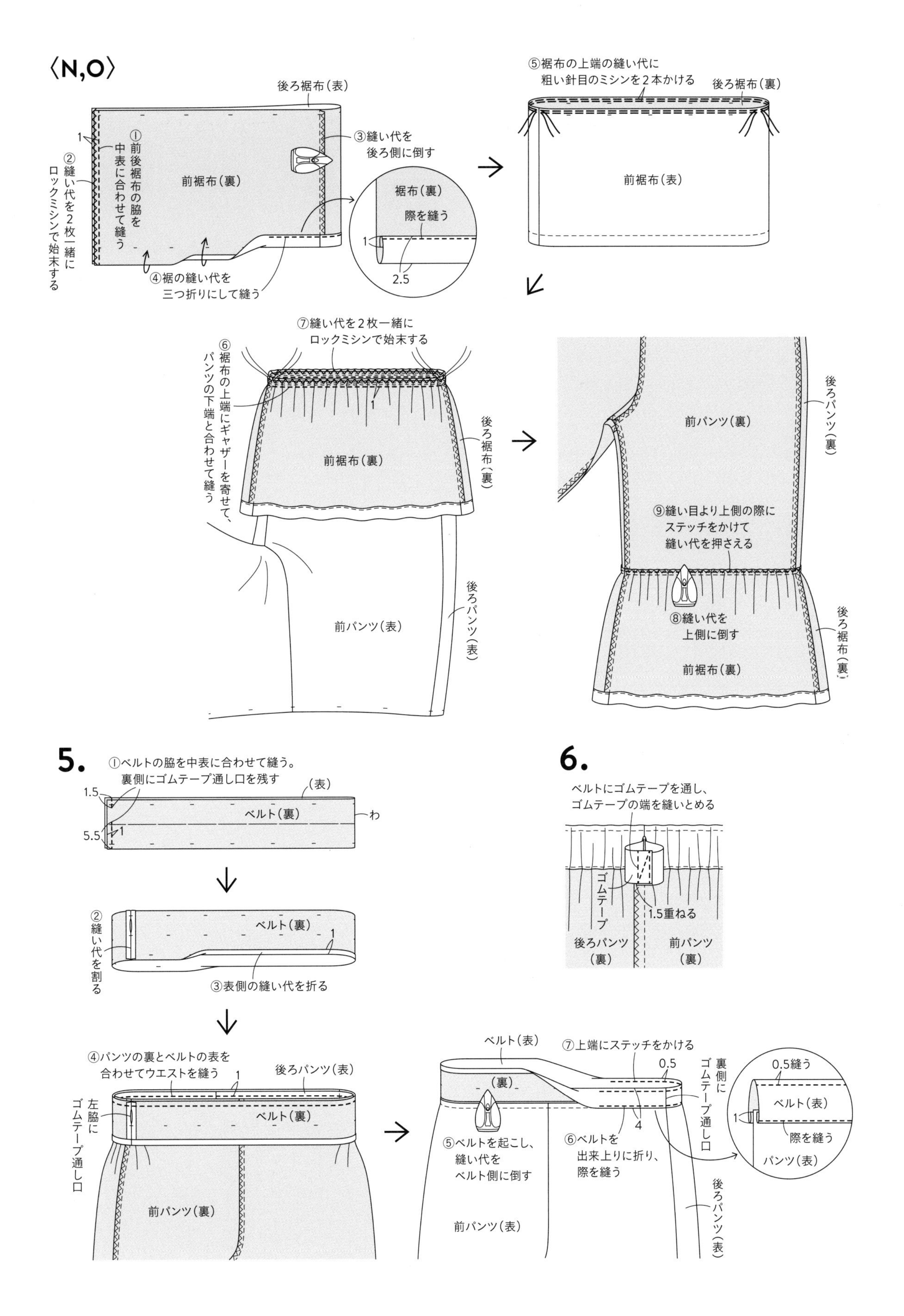
〈N,O〉
後ろ裾布（表）
①前後裾布の脇を中表に合わせて縫う
1
②縫い代を2枚一緒にロックミシンで始末する
前裾布（裏）
③縫い代を後ろ側に倒す
裾布（裏）
際を縫う
1
2.5
④裾の縫い代を三つ折りにして縫う
⑤裾布の上端の縫い代に粗い針目のミシンを2本かける
後ろ裾布（裏）
前裾布（表）
⑦縫い代を2枚一緒にロックミシンで始末する
⑥裾布の上端にギャザーを寄せて、パンツの下端と合わせて縫う
1
後ろ裾布（裏）
前裾布（裏）
前パンツ（表）
後ろパンツ（表）
前パンツ（裏）
後ろパンツ（裏）
⑨縫い目より上側の際にステッチをかけて縫い代を押さえる
⑧縫い代を上側に倒す
後ろ裾布（裏）
前裾布（裏）
5.
①ベルトの脇を中表に合わせて縫う。裏側にゴムテープ通し口を残す
1.5
5.5
1
（表）
ベルト（裏）
わ
②縫い代を割る
ベルト（裏）
1
③表側の縫い代を折る
④パンツの裏とベルトの表を合わせてウエストを縫う
1
後ろパンツ（表）
左脇にゴムテープ通し口
ベルト（裏）
前パンツ（裏）
ベルト（表）
（裏）
⑦上端にステッチをかける
0.5
4
裏側にゴムテープ通し口
⑤ベルトを起こし、縫い代をベルト側に倒す
⑥ベルトを出来上りに折り、際を縫う
前パンツ（表）
後ろパンツ（表）
0.5縫う
ベルト（表）
1
際を縫う
パンツ（表）
6.
ベルトにゴムテープを通し、ゴムテープの端を縫いとめる
ゴムテープ
1.5重ねる
後ろパンツ（裏）
前パンツ（裏）

Quoi? Quoi? ［コアコア］

久文麻未と三代朝美によるソーイングユニット。アパレルメーカーで出会い、退職後にQuoi? Quoi?を結成。“Quoi? Quoi?”とは、フランス語で“なぜ？なぜ？”という意味を持つ。著書に『ほんのりスイート デイリーウェア』『ずっと好きな服。』『ストンとワンピース』（文化出版局）、『１日でぬえる！簡単楽ちんワンピース 子どものおしゃれなアッパッパ』（主婦の友社）、『きれいに見える「ひざ下20cmの服」』（高橋書店）などがある。
久文が立ち上げた洋裁のハウツー・ブランド
〈はじめて洋裁店〉https://hajimeteyosaiten.com

STAFF

企画協力、スタイリング：平井律子
撮影：三沖 直
ヘア＆メイク：長澤 葵
モデル：横田美憧
ブックデザイン：吉村 亮、眞柄花穂、石井志歩（Yoshi-des）
トレース：宇野あかね（文化フォトタイプ）
パターングレーディング：上野和博
パターントレース：白井史子
校閲：向井雅子
編集協力、作り方解説：髙井法子
編集：田中 薫（文化出版局）

［材料協力］
CHECK&STRIPE　http://checkandstripe.com

［衣装協力］
＊アデュー トリステス〈p.22・左のブラウス〉Tel.03-6861-7658
＊アンビデックス（チャイルドウーマン）〈p.30・中のスカート〉 Tel.03-3481-8121
＊アンビデックス（ユニ イズ ライク ア フラワー トゥ ミー）〈p. 22・左の靴／p.26・靴〉Tel.03-3481-4742
＊ヴェリテクール〈p.13・左のオールインワン、バッグ、右のニット／p.23・左のレースベストつきワンピース、中のオレンジのワンピース、右のデニムパンツ／p.30・中のカットソー〉 Tel.092-753-7559
＊ヴラス ブラム 目黒店〈p.12・左のタートルカットソー、中のTシャツ、右のスカート／p.23・左の肩に巻いたカーディガン／p.30・左のエプロンスカート／p.31・右のストール〉Tel.03-5724-3719
＊クー〈p.22・中のショートパンツ（プードゥドゥ）／p.31・中のカットソー（ノップドゥノッド）〉 Tel.03-6659-5384
＊コロニー〈p.13・中のキャミワンピース／p.22・左のジャケット、中のボーダーカットソー（アラクリティー）／p.31・左のベスト、シャツ、ワイドパンツ（アラクリティー）〉Tel.03-6416-8635
＊コンジェ ペイエ アデュー トリステス〈p.31・中のデニムパンツ〉 Tel.03-6861-7658
＊ネストローブ 表参道店〈p.12・左のシャツ、中のスカート／p.20・頭に巻いたレースストール／p.22・右のTシャツ〉Tel.03-6438-0717

いつも、カシュクール。 合わせたいのはペチパンツ

2021年９月10日　第１刷発行

著者　Quoi? Quoi?
発行者　濱田勝宏
発行所　学校法人文化学園 文化出版局
〒151-8524 東京都渋谷区代々木３-22-１
電話　03-3299-2485（編集）
03-3299-2540（営業）
印刷・製本所　株式会社文化カラー印刷

文化出版局のホームページ　http://books.bunka.ac.jp/